# Inhaltsverzeichnis

Vorwort .................................................................................................................. 6
1. Buchführungspflichten ................................................................................... 8
   1.1. Warum Buchführung? ............................................................................. 8
   1.2. Handelsrechtliche Buchführungspflicht .................................................. 8
   1.3. Steuerrechtliche Buchführungspflicht .................................................... 9
2. Inventur und Inventar .................................................................................. 10
   2.1. Inventur ................................................................................................ 10
   2.2. Inventurarten ....................................................................................... 10
   2.3. Inventar ................................................................................................ 11
   2.4. Erfolgsermittlung durch Eigenkapitalvergleich / Betriebsvermögensvergleich ... 12
   2.5. Kapitalentwicklung berechnen ............................................................. 13
3. Vermögen, Kapital und Bilanz ...................................................................... 14
   3.1. Vermögen ............................................................................................. 14
   3.2. Kapital .................................................................................................. 14
   3.3. Bilanz .................................................................................................... 14
4. Bilanzveränderungen ................................................................................... 16
   4.1. Aktivtausch ........................................................................................... 16
   4.2. Passivtausch ......................................................................................... 17
   4.3. Aktiv-Passiv-Minderung ........................................................................ 18
   4.4. Aktiv-Passiv-Mehrung ........................................................................... 19
5. Bestandskonten ........................................................................................... 20
6. Grundsätze ordnungsgemäßer Buchführung (GoB) ..................................... 24
7. Buchungssatz ............................................................................................... 26
8. Geldtransit ................................................................................................... 27
9. Erfolgskonten ............................................................................................... 28
   9.1. Aufwendungen und Erträge ................................................................. 28
   9.2. Gewinn- und Verlustkonto (GuV) ......................................................... 30
10. Kontenrahmen und Kontenplan ................................................................. 32
    10.1. Aufbau des Kontenrahmen SKR 04 .................................................... 32
    10.2. Aufbau des Kontenrahmen SKR 03 .................................................... 33
    10.3. Aufbau einer Kontonummer ............................................................... 33
11. G: Warenkonten ......................................................................................... 34
    11.1. Warenverkauf .................................................................................... 34
    11.2. Wareneinkauf .................................................................................... 34
    11.3. Bestandsveränderungen Waren ........................................................ 35
    11.4. Unterscheidung Rohgewinn und Reingewinn ................................... 36
12. I: Werkstoffkonten ..................................................................................... 37

- 12.1. Werkstoffeinkauf ... 37
- 12.2. Bestandsveränderungen der Roh-, Hilfs- und Betriebsstoffe ... 38
- 12.3. Unterscheidung Rohgewinn und Reingewinn ... 39
- 12.4. Bestandsveränderungen Unfertige und Fertige Erzeugnisse ... 40
- 12.5. Verkauf der eigenen Erzeugnisse ... 41
- 13. Umsatzsteuer ... 42
  - 13.1. Das Umsatzsteuerkonto ... 43
  - 13.2. Das Vorsteuerkonto ... 43
  - 13.3. Verrechnung von Umsatzsteuer und Vorsteuer ... 44
- 14. Privatkonten ... 46
  - 14.1. Privateinlagen ... 46
  - 14.2. Privatentnahmen ... 47
  - 14.3. Private Nutzung eines Firmenwagen ... 48
- 15. Abschreibungen auf Sachanlagen ... 50
  - 15.1. Abschreibungsmethoden ... 51
  - 15.2. Zeitanteilige Abschreibung ... 54
  - 15.3. Geringwertige Wirtschaftsgüter (GWG) ... 54
- 16. Bücher der Buchführung ... 58
  - 16.1. Journal (Grundbuch) ... 58
  - 16.2. Kontoblätter (Hauptbuch) ... 58
  - 16.3. Bilanzbuch ... 58
  - 16.4. Nebenbücher ... 58
- 17. Wiederholungsaufgaben ... 59
- 18. Beschaffung und Absatz ... 60
  - 18.1. Bezugskosten ... 60
  - 18.2. Vertriebskosten ... 63
  - 18.3. Rücksendungen und Preisnachlässe ... 65
  - 18.4. Rabatte ... 68
  - 18.5. Skonti ... 69
  - 18.6. Boni ... 71
- 19. Warenverkehr in EU-Mitgliedsstaaten ... 72
  - 19.1. EU-Erwerb / Innergemeinschaftlicher Erwerb ... 72
  - 19.2. EU-Lieferung / Innergemeinschaftliche Lieferung ... 73
  - 19.3. Exkurs: Drittland ... 73
- 20. Anzahlungen auf Umlaufvermögen ... 74
  - 20.1. Erhaltene Anzahlungen ... 74
  - 20.2. Geleistete Anzahlungen ... 75
- 21. Personalwirtschaft ... 78
  - 21.1. Lohn- bzw. Gehaltsabrechnungen ... 78

| | | |
|---|---|---|
| 21.2. | Vermögenswirksame Leistungen | 80 |
| 21.3. | Vorschüsse / Forderungen an Mitarbeiter | 81 |
| 21.4. | Entgeltliche Warenlieferungen an Mitarbeiter | 82 |
| 21.5. | Lohn- und Gehaltspfändungen | 83 |
| 22. | Zahlungsverkehr | 84 |
| 22.1. | Schecks | 84 |
| 22.2. | Kosten des Zahlungsverkehrs und Zinsen | 85 |
| 22.3. | Kassenfehlbetrag | 85 |
| 23. | Darlehen | 86 |
| 24. | Sachanlagen | 88 |
| 24.1. | Anschaffungskosten | 88 |
| 24.2. | Anzahlungen auf Anlagegüter | 89 |
| 24.3. | Verkauf von Anlagegütern / Anlagenabgang | 91 |
| 24.4. | Sachanlagen in Zahlung geben | 93 |
| 25. | Steuern | 94 |
| 25.1. | Betriebliche Steuern | 94 |
| 25.2. | Steuerliche Nebenleistungen | 95 |
| 25.3. | Private Steuern | 95 |
| 25.4. | Steuerberatungskosten | 95 |
| 26. | Rechnungsabgrenzung | 96 |
| 26.1. | Transitorische Abgrenzung | 97 |
| 26.2. | Antizipative Abgrenzung | 100 |
| 27. | Bewertung von Forderungen | 104 |
| 27.1. | Zweifelhafte Forderungen | 104 |
| 27.2. | Uneinbringliche Forderungen | 105 |
| 27.3. | Einwandfreie Forderungen / Pauschalwertberichtigung | 106 |
| 28. | Hauptabschluss- / Betriebsübersicht | 108 |
| 28.1. | Aufbau und Inhalt der Hauptabschlussübersicht | 108 |
| Index | | 115 |

■ Nachschlagewerk

# Vorwort

Dieses **Nachschlagewerk** in Verbindung mit den separat erhältlichen **Übungsaufgaben** ist gedacht als begleitende Schulungsunterlage für Seminare zu *Buchführung, Theorie* und eignet sich auch für das Selbststudium.

Dieses Lehrmittelpaket basiert auch auf Wunsch unserer Seminarteilnehmer auf den Lehrplänen des *Finanzbuchhalter VHS* zu den Themen *Buchführung Großhandel* und *Buchführung Industrie*.

Unser besonderer Dank gilt Wolfgang Bräuer für seine freundliche Unterstützung und seine zahlreichen Anregungen.

## Erläuterungen zum Aufbau des Lehrkonzeptes

- Im **Nachschlagewerk** ist das Theoriewissen zusammengefasst und anhand von Beispielen erläutert.
- Es ist nach Schlagworten gegliedert, die überwiegend in einer prozessorientierten Reihenfolge stehen. Außerdem finden Sie auf den letzten Seiten ein Indexverzeichnis. So können Sie jederzeit schnell und unkompliziert auf die beschriebenen Inhalte zurückgreifen.
- Die **Übungsaufgaben** können sowohl mit dem SKR 04 wie auch dem SKR 03 bearbeitet werden.
- Die **Übungsaufgaben** sind auch in einer Version für Dozenten erhältlich. In dieser Ausgabe werden Sie bei Ihrer Arbeit mit einigen Tipps und Anregungen unterstützt. Außerdem sind die Lösungen in die Aufgaben eingearbeitet. Die Texte, die nur in der Dozentenausgabe erscheinen, sind farblich gekennzeichnet.
- Die Lösungen zu den Übungsaufgaben stehen Ihnen auf unserer Website unter http://www.luebecks-schulungen.de zum kostenlosen Download zur Verfügung.
- In den ersten Kapiteln liegt der Schwerpunkt darauf, die Logik der Buchführung zu verstehen. Daher werden die Buchungsvorgänge anfänglich vereinfacht dargestellt. Im weiteren Verlauf werden spezielle Themenbereiche bearbeitet und die Standard-Kontenrahmen SKR 04 und SKR 03 eingeführt. Dabei ist die erstgenannte Kontonummer stets die Kontonummer aus dem SKR 04.
- Sofern in den Aufgabenstellungen nicht ausdrücklich auf einen privaten Hintergrund verwiesen wird, betreffen alle Vorgänge den betrieblichen Bereich. So ist z. B. mit „Bankkonto" immer das betriebliche Konto gemeint und alle Barzahlungen betreffen die Kasse.
- Wenn Sie sich nur für die Buchführung im Handel interessieren können Sie die mit einem „I" gekennzeichneten Kapitel / Aufgaben unbearbeitet lassen.
- Wenn Sie sich nur für die Buchführung in einem produzierenden Unternehmen interessieren können Sie die mit einem „G" gekennzeichneten Kapitel / Aufgaben ignorieren.

## Über die Autoren

Wir verfügen über langjährige Dozentenerfahrung bei sehr unterschiedlichen Bildungsträgern. So haben wir ungezählte Seminare zu den Themen *Buchführung, Theorie, Finanzbuchhaltung mit DATEV (pro)"* und *Personalwirtschaft mit DATEV* durchgeführt. Diese Erfahrungen haben wir in die Entwicklung dieses Lehrkonzeptes einfließen lassen.

Aber nobody is perfect – deshalb freuen wir uns über Ihre Anregungen und Ihre Kritik, denn dadurch geben Sie uns die Chance, besser zu werden.

## Abkürzungen

| | | | |
|---|---|---|---|
| a. d. U. | außerhalb des Unternehmens | Lkw | Lastkraftwagen |
| abgeschr. | abgeschrieben(e) | LL | Lieferungen und Leistungen |
| Abs. | Absatz | Nutz. | Nutzung |
| AHK | Anschaffungs- bzw. Herstellkosten | Pkw | Personenkraftwagen |
| Aufl. | Auflösung | PWB | Pauschalwertberichtigung |
| BG | Buchgewinn | Rechnungsabgr. | Rechnungsabgrenzung |
| BGA | Betriebs- und Geschäftsausstattung | RHB | Roh-, Hilfs- und Betriebsstoffe |
| BV | Bestandsveränderungen | Rückst. | Rückstellung(en) |
| BV | Buchverlust | sonst. | sonstige |
| e. K. | eingetragener Kaufmann | UE | Unfertige Erzeugnisse |
| EU | Europäische Union | unbewegl. | unbeweglich(e) |
| EWB | Einzelwertberichtigung | unentgeltl. | unentgeltliche |
| FE | Fertige Erzeugnisse | Untern. | Unternehmer |
| Ford. | Forderungen | USt. | Umsatzsteuer |
| gg. | gegenüber | v. | von |
| ggf. | gegebenenfalls | Verb. | Verbindlichkeiten |
| GWG | Geringwertige Wirtschaftsgüter | Verw. | Verwendung |
| Herabsetz. | Herabsetzung | VSt. | Vorsteuer |
| HGB | Handelsgesetzbuch | WG | Wirtschaftsgüter |
| kurzfr. | kurzfristig(e) | z. B. | zum Beispiel |
| lfd. | laufende | | |

## Hinweis zur aktuellen Ausgabe

Besonderheiten wie z. B. ermäßigte Umsatzsteuersätze, die durch Sonderregelungen aufgrund der Corona-Pandemie Geltung haben bzw. hatten, sind im diesem Lehrmittel <u>nicht</u> berücksichtigt.

## Situationsbeschreibung

Sie sind Mitarbeiter eines Steuerberatungsbüros und sollen die Buchführung für Bente Baut, einen neuen Mandanten der Kanzlei, übernehmen.

Bente Baut fertigt als selbständige Tischlermeisterin Vollholztische, die im Ladenlokal zum Kauf angeboten werden. Zur Vervollständigung der Angebotspalette kauft Bente Baut bei verschiedenen Lieferanten Stühle.

Ergänzend zu dieser Tätigkeit sollen Sie (im Rahmen der Wiederholungsaufgaben) die Buchhaltung weiterer Unternehmen bearbeiten.

# 1. Buchführungspflichten

## 1.1. Warum Buchführung?

Buchführung gilt häufig als kompliziert, unlogisch oder gar als etwas nur für „Eingeweihte". Dabei begegnet uns Buchführung oft in unserem täglichen Leben. Der Kontoauszug oder der Kassenbon, beides sind Bestandteile einer Buchführung.

Viele Privatpersonen führen ein Haushaltsbuch, damit sie einen besseren Überblick über ihre Einnahmen und Ausgaben haben, auch das ist eine Form der Buchführung.

Wer ein Unternehmen führt, hat naturgemäß großes Interesse daran, über die Einnahmen und Ausgaben des Unternehmens informiert zu sein. Eine übersichtliche und aussagefähige Buchführung ist daher im Interesse des Unternehmers.

Neben dem Unternehmer sind auch Banken, als mögliche Kreditgeber, daran interessiert, einen Überblick über die wirtschaftlichen Verhältnisse eines Unternehmens zu bekommen.

Da der vom Unternehmen erwirtschaftete Gewinn steuerpflichtig ist, besteht auch seitens der Finanzbehörden ein Interesse an einer geordneten Buchführung. Auf die daraus resultierenden gesetzlichen Vorschriften (z. B. HGB – Handelsgesetzbuch, UStG – Umsatzsteuergesetz, EStG – Einkommensteuergesetz) wird im weiteren Verlauf, soweit erforderlich, näher eingegangen.

Auch Bente Baut wird durch gesetzliche Vorschriften verpflichtet, Bücher zu führen.

## 1.2. Handelsrechtliche Buchführungspflicht

In § 238 Abs. 1 HGB wird die Buchführungspflicht für Kaufleute begründet:
Jeder Kaufmann ist verpflichtet, Bücher zu führen und in diesen seine Handelsgeschäfte und die Lage seines Vermögens nach den Grundsätzen ordnungsmäßiger Buchführung ersichtlich zu machen. Die Buchführung muss so beschaffen sein, dass sie einem sachverständigen Dritten innerhalb angemessener Zeit einen Überblick über die Geschäftsvorfälle und über die Lage des Unternehmens vermitteln kann. Die Geschäftsvorfälle müssen sich in ihrer Entstehung und Abwicklung verfolgen lassen.

Kaufmann im Sinne des HGB sind Gewerbetreibende Unternehmer durch

- Eintragung ins Handelsregister oder
- ihre Tätigkeit, wenn aufgrund der Art und des Umfangs dieser Tätigkeit eine kaufmännische Organisation erforderlich ist

Einzelkaufleute und Personengesellschaften müssen die Bestimmungen der §§ 238 bis 263 HGB beachten, während für Kapitalgesellschaften zusätzlich die Vorschriften der §§ 264 bis 335 HGB gelten.

Seit Inkrafttreten des Bilanzrechtmodernisierungsgesetzes (BilMoG) müssen Einzelkaufleute die §§ 238 bis 241 HGB nicht anwenden, wenn an den Abschlussstichtagen von zwei aufeinander folgenden Geschäftsjahren nicht mehr als 500.000,00 € Umsatzerlöse und 50.000,00 € Gewinn ausgewiesen werden.

## 1.3. Steuerrechtliche Buchführungspflicht

Die steuerrechtliche Buchführungspflicht ergibt sich aus der Abgabenordnung (AO).

### Abgeleitete Buchführungspflicht

In **§ 140 AO** heißt es: Wer nach anderen Gesetzen als den Steuergesetzen Bücher und Aufzeichnungen zu führen hat, die für die Besteuerung von Bedeutung sind, hat die Verpflichtungen, die ihm nach den anderen Gesetzen obliegen, auch für die Besteuerung zu erfüllen.

### Originäre Buchführungspflicht

Aus **§ 141 Abs.1 AO** ergibt sich, dass Gewerbliche Unternehmer sowie Land- und Forstwirte, die im Kalenderjahr

- Umsätze von mehr als 500.000,00 € oder
- einen Gewinn aus Gewerbebetrieb oder Land- und Forstwirtschaft von mehr als 50.000,00 € erzielen oder
- selbstbewirtschaftete land- und forstwirtschaftliche Flächen mit einem Wirtschaftswert von mehr als 25.000,00 € besitzen

verpflichtet sind für diesen Betrieb Bücher zu führen und auf Grund jährlicher Bestandsaufnahmen Abschlüsse zu machen auch wenn sich eine Buchführungspflicht nicht aus § 140 AO ergibt.

# 2. Inventur und Inventar

Bevor Bente Baut die Geschäftstätigkeit aufnehmen darf, muss sie wie alle Kaufleute eine Inventur durchführen.

Bei der Inventur wird festgestellt, welche Sachwerte und Schulden zu dem Unternehmen gehören. Anhand der bei der Inventur ermittelten Werte wird das Inventar aufgestellt. Dieses Vorgehen ist im Handelsgesetzbuch (HGB) geregelt:

**HGB § 240 Abs. 1**
Jeder Kaufmann hat zu Beginn seines Handelsgewerbes seine Grundstücke, seine Forderungen und Schulden, den Betrag seines baren Geldes sowie seine sonstigen Vermögensgegenstände genau zu verzeichnen und dabei den Wert der einzelnen Vermögensgegenstände und Schulden anzugeben.

Die Inventur und das Aufstellen des Inventars müssen zum Ende eines jeden Geschäftsjahres wiederholt werden. (Das Geschäftsjahr entspricht oft dem Kalenderjahr. Vollkaufleute können davon abweichen und festlegen, dass das Geschäftsjahr für ihr Unternehmen z. B. vom 01.07. bis 30.06. läuft.) Diese Regelungen stehen ebenfalls im HGB.

**HGB § 240 Abs. 2**
Er hat zunächst für den Schluss eines jeden Geschäftsjahrs ein solches Inventar aufzustellen. Die Dauer des Geschäftsjahrs darf zwölf Monate nicht überschreiten. Die Aufstellung des Inventars ist innerhalb der einem ordnungsmäßigen Geschäftsgang entsprechenden Zeit zu bewirken.

## 2.1. Inventur

Vor Beginn der Geschäftstätigkeit und am Ende jeden Geschäftsjahres findet eine Inventur statt.

> Die Inventur ist die körperliche und buchmäßige Bestandsaufnahme aller Vermögensteile und Schulden nach Art, Menge und Wert.

Dabei gibt es folgende Vorgehensweisen:

### Körperliche Bestandsaufnahme
Die Bestände von Fuhrpark, Büro- und Geschäftsausstattung, Vorräte, Bargeld und ähnliches werden durch Zählen, Wiegen, Messen und Schätzen erfasst und anschließend in Geldeinheiten (€) bewertet.

### Buchmäßige Bestandsaufnahme
Die Höhe der Forderungen, Bankguthaben und Schulden werden anhand der vorhandenen Belege ermittelt und ggfs. nach ihrer Werthaltigkeit bewertet.

## 2.2. Inventurarten

Bei der **zeitnahen Stichtagsinventur** wird die körperliche Bestandsaufnahme max. 10 Tage vor bis 10 Tage nach Abschluss-Stichtag durchgeführt. Die Bestände werden belegmäßig fortgeschrieben bzw. zurückgerechnet, um so den genauen Bestand am Abschlussstichtag zu ermitteln. Diese Inventurart wird meist bei kleineren und mittleren Betrieben genutzt.

Bei der **zeitlich verlegten Inventur** wird die körperliche Bestandsaufnahme max. 3 Monate vor bis 2 Monate nach Abschluss-Stichtag durchgeführt. Die Bestände werden ebenfalls belegmäßig fortgeschrieben bzw. zurückgerechnet, um so den genauen Bestand am Abschlussstichtag zu ermitteln.

Bei der **permanenten Inventur** findet eine ständige Bestandsfortschreibung aller Bestände nach Art und Menge durch Lagerbücher bzw. eine Lagerdatei statt. Die Bestandsfortschreibung ist jederzeit belegmäßig nachweisbar. Die körperliche Bestandsaufnahme findet einmal jährlich im Laufe des Geschäftsjahres statt.

Bei der **mathematisch-statistischen Stichprobeninventur** kommt ein besonderes technisches Verfahren zu Anwendung, dabei werden die Bestände mit Hilfe mathematisch-statistischer Methoden aufgrund von Stichproben ermittelt. Diese Methode führt zu einem großen Rationalisierungseffekt.

Unabhängig von der Art der Inventur müssen die Durchführung und das Ergebnis der körperlichen Bestandsaufnahme dokumentiert werden und die Buchbestände müssen an die durch die Inventur ermittelten Bestände angepasst werden.

## 2.3. Inventar

Das Ergebnis der Inventur wird in einem Bestandsverzeichnis, dem Inventar festgehalten.

> Das Inventar ist das Bestandsverzeichnis aller Vermögensteile und Schulden nach Art, Menge und Wert.

Es wird in tabellarischer Form dargestellt. Das Inventar ist laut HGB **10 Jahre aufzubewahren**. Die Frist beginnt mit dem Ende des Kalenderjahres in dem das Inventar aufgestellt worden ist.

### Beispiel

Inventar Bente Baut e. K. (ins Handelsregister eingetragener Kaufmann):

| | | € | € |
|---|---|---:|---:|
| **A. Vermögen** | | | |
| 1. Anlagevermögen | | | |
|    1. Grundstück Meine-Str. 1 | | | 50.000,00 |
|    2. Gebäude Meine Str. 1 | | | 150.000,00 |
|    3. Fuhrpark | | | |
|       Lkw | H-KB XXXX | 42.000,00 | |
|       Pkw | H-KB YYYY | 23.000,00 | 65.000,00 |
|    4. BGA laut besonderem Verzeichnis, Anlage 1 | | | 89.500,00 |
| 2. Umlaufvermögen | | | |
|    1. Rohstoffe laut besonderem Verzeichnis, Anlage 2 | | | 65.800,00 |
|    2. Waren laut besonderem Verzeichnis, Anlage 3 | | | 62.700,00 |
|    3. Forderungen LL laut bes. Verzeichnis, Anlage 4 | | | 82.600,00 |
|    4. Kassenbestand | | | 1.200,00 |
|    5. Bankguthaben | | | |
|       Sparkasse Konto AAAAA | | 3.850,00 | |
|       Volksbank Konto BBBBB | | 1.150,00 | 5.000,00 |
| Summe des Vermögens | | | 571.800,00 |
| **B. Schulden** | | | |
| 1. langfristige Schulden | | | 390.000,00 |
| 2. kurzfristige Schulden | | | |
|    Verbindlichkeiten gegen Lieferanten | | | |
|       1. Müller | | 15.000,00 | |
|       2. Meier | | 2.500,00 | 17.500,00 |
| Summe der Schulden | | | 407.500,00 |
| **C. Berechnung des Eigenkapitals (Reinvermögens)** | | | |
|    Summe des Vermögens | | | 571.800,00 |
| −  Summe der Schulden | | | 407.500,00 |
| =  Eigenkapital (Reinvermögen) | | | 164.300,00 |

## 2.4. Erfolgsermittlung durch Eigenkapitalvergleich / Betriebsvermögensvergleich

Der Erfolg (**Gewinn**) den ein Unternehmen in einem Geschäftsjahr erzielt hat, kann durch den Vergleich der entsprechenden Inventarwerte **ermittelt** werden, indem das Eigenkapital am Ende des Geschäftsjahres (Wert aus dem aktuellen Inventar) mit dem Eigenkapital am Anfang des Geschäftsjahres (Wert aus dem Inventar des Vorjahres) verglichen wird.

> - Bei einer **Eigenkapitalmehrung** ist ein **Gewinn** erwirtschaftet worden.
> - Bei einer **Eigenkapitalminderung** ist ein **Verlust** erwirtschaftet worden.

Bei Einzelunternehmen wie z. B. Bente Baut und Personengesellschaften ist die Ermittlung nicht ganz so simpel, da Privateinlagen bzw. Privatentnahmen das Eigenkapital verändern. Die Privateinlagen und -entnahmen müssen daher für die Berechnung des Unternehmenserfolgs (Gewinn/Verlust) aus dem „Eigenkapital zum Ende des Geschäftsjahres" heraus gerechnet werden.

### Beispiel
Für die Erfolgsermittlung liegen Ihnen folgende Angaben vor:

| | |
|---|---|
| Eigenkapital zu Beginn des Geschäftsjahres | 380.000,00 € |
| Eigenkapital am Ende des Geschäftsjahres | 500.000,00 € |
| Privateinlagen im Laufe des Geschäftsjahres | 170.000,00 € |
| Privatentnahmen im Laufe des Geschäftsjahres | 80.000,00 € |

| | | |
|---|---|---|
| | Eigenkapital am Ende des Geschäftsjahres | 500.000,00 € |
| − | Privateinlagen[1] | 170.000,00 € |
| + | Privatentnahmen[2] | 80.000,00 € |
| = | „bereinigtes" Eigenkapital am Ende des Geschäftsjahres | 410.000,00 € |
| − | Eigenkapital am Anfang des Geschäftsjahres | 380.000,00 € |
| = | Gewinn[3] | 30.000,00 € |

[1] Die Privateinlagen haben das „Eigenkapital zum Ende des Geschäftsjahres" gemehrt. Demzufolge würde ein zu hoher Gewinn ausgewiesen, daher sind die Privateinlagen vom „Eigenkapital zum Ende des Geschäftsjahres" abzuziehen.

[2] Die Privatentnahmen haben das „Eigenkapital zum Ende des Geschäftsjahres" vermindert. Demzufolge würde ein zu kleiner Gewinn ausgewiesen, daher werden die Privatentnahmen zum „Eigenkapital am Ende des Geschäftsjahres" hinzugerechnet.

[3] Ergibt sich ein Wert mit negativem Vorzeichen, wurde ein Verlust erwirtschaftet.

## 2.5. Kapitalentwicklung berechnen

Bei der Berechnung der Kapitalentwicklung geht es darum, das **Eigenkapital** am Ende eines Geschäftsjahres zu **berechnen**.

Bei Einzelunternehmen und Personengesellschaften gehen Sie bei der Berechnung der Kapitalentwicklung wie im folgenden Beispiel beschrieben vor.

**Beispiel**
Für die Berechnung der Kapitalentwicklung liegen Ihnen folgende Angaben vor:

| | | |
|---|---|---:|
| | Eigenkapital am Anfang des Geschäftsjahres | 200.000,00 € |
| | Gewinn | 40.000,00 € |
| | Privateinlagen während des Geschäftsjahres | 150.000,00 € |
| | Privatentnahmen während des Geschäftsjahres | 180.000,00 € |

| | | |
|---|---|---:|
| | Eigenkapital am Anfang des Geschäftsjahres | 200.000,00 € |
| + | Gewinn | 40.000,00 € |
| + | Privateinlagen | 150.000,00 € |
| – | Privatentnahmen | 180.000,00 € |
| = | Eigenkapital am Ende des Geschäftsjahres | 210.000,00 € |

© Lübecks Schulungen GbR

# 3. Vermögen, Kapital und Bilanz

Die Begriffe Vermögen und Kapital sind für die Buchführung von zentraler Bedeutung.

## 3.1. Vermögen

Das **Vermögen** gibt darüber Auskunft, wie die Mittel, die dem Unternehmen zur Verfügung stehen, verwendet worden sind – **Mittelverwendung**.

Das Vermögen unterteilt sich in Anlagevermögen und Umlaufvermögen.

Zum **Anlagevermögen** gehören alle Mittel, die dem Unternehmen langfristig zur Verfügung stehen, wie z. B. Grundstücke und Gebäude, Maschinen, Büro- und Geschäftsausstattung. Die Güter des Anlagevermögens bilden die Basis für die unternehmerische Tätigkeit. (Unternehmerische Tätigkeiten sind z. B. Einkauf, Produktion und Verkauf)

Zum **Umlaufvermögen** gehören alle Mittel, die nicht für einen längeren Zeitraum im Unternehmen verbleiben, sondern „umlaufen". Durch die unternehmerische Tätigkeit ändern sich die Positionen des Umlaufvermögens (Waren, Forderungen an Kunden*, Kasse, Bankguthaben) ständig.

## 3.2. Kapital

Das **Kapital** gibt Auskunft woher die Mittel, die dem Unternehmen zur Verfügung stehen, stammen - **Mittelherkunft**. Das Kapital unterteilt sich in Eigenkapital und Fremdkapital.

Das **Eigenkapital** sind die dem Unternehmer / dem Unternehmen gehörende Mittel.

Das **Fremdkapital** wird dem Unternehmen von Außenstehenden z. B. Banken und Lieferanten zur Verfügung gestellt.

## 3.3. Bilanz

Die Mittelverwendung (**Vermögen**) und die Mittelherkunft (**Kapital**) müssen immer **gleich groß** sein. Daraus folgt die Gleichung:

**Anlagevermögen + Umlaufvermögen = Eigenkapital + Fremdkapital**

In der Buchführung werden Vermögen und Kapital in einer **Bilanz** (ital. Bilancia = Waage) gegenübergestellt.

| Aktiva (Mittelverwendung) | Bilanz | Passiva (Mittelherkunft) |
|---|---|---|
| **Anlagevermögen** | | Eigenkapital |
| **Umlaufvermögen** | | Fremdkapital |
| XXX.YYY.ZZZ,00 € | | XXX.YYY.ZZZ,00 € |

# Vermögen, Kapital und Bilanz

### Beispiel
Für ein Unternehmen liegen Ihnen folgende Werte vor:

1. Grundstück — 50.000,00 €
2. Gebäude — 100.000,00 €
3. Betriebs- und Geschäftsausstattung (BGA) — 70.000,00 €
4. Rohstoffe — 20.000,00 €
5. Waren — 15.000,00 €
6. Forderungen LL[1] — 18.000,00 €
7. Kasse — 1.000,00 €
8. Bankguthaben — 22.000,00 €
9. Hypothekendarlehen[2] — 90.000,00 €
10. Verbindlichkeiten gegenüber Kreditinstituten[3] — 45.000,00 €
11. Verbindlichkeiten LL[4] — 23.000,00 €

Stellen Sie die Bilanz für das Unternehmen auf.

| Aktiva (Mittelverwendung) | Bilanz | | Passiva (Mittelherkunft) |
|---|---|---|---|
| **Anlagevermögen** | | **Eigenkapital** | 138.000,00 € |
| 1. Grundstücke | 50.000,00 € | **Fremdkapital** | |
| 2. Gebäude | 100.000,00 € | 9. Hypothekenschulden | 90.000,00 € |
| 3. BGA | 70.000,00 € | 10. Verbindlichkeiten gg. KI | 45.000,00 € |
| **Umlaufvermögen** | | 11. Verbindlichkeiten LL | 23.000,00 € |
| 4. Rohstoffe | 20.000,00 € | | |
| 5. Waren | 15.000,00 € | | |
| 6. Forderungen LL | 18.000,00 € | | |
| 7. Kasse | 1.000,00 € | | |
| 8. Bank | 22.000,00 € | | |
| | **296.000,00 €** | | **296.000,00 €** |

Die Linie, mit der nicht genutzte Zeilen „entwertet" werden können, wird Buchhalternase genannt.

> - Die **Aktivseite** der Bilanz wird nach **steigender Liquidität** gegliedert.
> - Die **Passivseite** der Bilanz wird nach **steigender Dringlichkeit** gegliedert.

---

[1] Forderungen = Geld, das von Kunden aufgrund noch nicht bezahlter Rechnungen erwartet wird
LL = Lieferungen und Leistungen
[2] Kredite bei denen Grundstücke und/oder Gebäude als Sicherheit dienen
[3] sonstige Kredite und/oder Kontoüberziehungen bei Banken
[4] Schulden bei Lieferanten aus noch nicht bezahlten Rechnungen

# 4. Bilanzveränderungen

Unternehmerische Tätigkeit wie z. B. der Kauf von Büroeinrichtung oder Ware bewirkt Geschäftsfälle und führt so zu Veränderungen in der Bilanz.

Da die Bilanz immer ausgeglichen sein muss, d. h. die Summe der Aktiva muss immer der Summe der Passiva entsprechen, werden bei jedem Geschäftsfall zwei Bilanzpositionen verändert.

## 4.1. Aktivtausch

Bei einem Aktivtausch wird durch einen Geschäftsfall eine Position auf der Aktivseite der Bilanz um einen bestimmten Betrag vermindert und eine andere Position der Aktiv-Seite um den gleichen Betrag gemehrt.

### Beispiel 1 – Aktivtausch

Bente Baut hat die folgende Bilanz aufgestellt.

| Aktiva | | Bilanz | Passiva |
|---|---|---|---|
| Anlagevermögen | | Eigenkapital | 68.000,00 € |
|   BGA | 20.000,00 € | Fremdkapital | |
| Umlaufvermögen | | Verbindlichkeiten gg. KI | 23.000,00 € |
|   Rohstoffe | 30.000,00 € | Verbindlichkeiten LL | 65.000,00 € |
|   Waren | 15.000,00 € | | |
|   Forderungen LL | 18.000,00 € | | |
|   Kasse | 1.000,00 € | | |
|   Bank | 72.000,00 € | | |
| | 156.000,00 € | | 156.000,00 € |

Bente Baut kauft eine Ladeneinrichtung für 25.000,00 € und zahlt durch Banküberweisung.
Der Geschäftsfall „Ladeneinrichtung" bewirkt eine Bilanzveränderung.

| Aktiva | | Bilanz | Passiva |
|---|---|---|---|
| Anlagevermögen | | Eigenkapital | 68.000,00 € |
|   BGA | 45.000,00 € | Fremdkapital | |
| Umlaufvermögen | | Verbindlichkeiten gg. KI | 23.000,00 € |
|   Rohstoffe | 30.000,00 € | Verbindlichkeiten LL | 65.000,00 € |
|   Waren | 15.000,00 € | | |
|   Forderungen LL | 18.000,00 € | | |
|   Kasse | 1.000,00 € | | |
|   Bank | 47.000,00 € | | |
| | 156.000,00 € | | 156.000,00 € |

Durch den Geschäftsfall „Ladeneinrichtung" sind die Bilanzpositionen __BGA__ und __Bank__ verändert worden. Beide Positionen befinden sich auf der __Aktiv__-Seite der Bilanz.
Die Bilanzsumme wird __nicht verändert__. Die durch diesen Geschäftsfall bewirkte Bilanzveränderung heißt __Aktiv-Tausch__.

## 4.2. Passivtausch

Bei einem Passivtausch wird durch einen Geschäftsfall eine Position auf der Passiv-Seite der Bilanz um einen Betrag vermindert und eine andere Position auf der Passiv-Seite um den gleichen Betrag gemehrt.

### Beispiel 2 – Passivtausch
Bente Baut hat die folgende Bilanz aufgestellt.

| Aktiva | Bilanz | | Passiva |
|---|---|---|---|
| Anlagevermögen | | Eigenkapital | 68.000,00 € |
| BGA | 45.000,00 € | Fremdkapital | |
| Umlaufvermögen | | Verbindlichkeiten gg. KI | 23.000,00 € |
| Rohstoffe | 30.000,00 € | Verbindlichkeiten LL | 65.000,00 € |
| Waren | 15.000,00 € | | |
| Forderungen LL | 18.000,00 € | | |
| Kasse | 1.000,00 € | | |
| Bank | 47.000,00 € | | |
| | 156.000,00 € | | 156.000,00 € |

Bente Baut nimmt ein Darlehen über 15.000,00 € auf und begleicht damit Lieferantenrechnungen. Der Geschäftsfall „Umschuldung" bewirkt eine Bilanzveränderung.

| Aktiva | Bilanz | | Passiva |
|---|---|---|---|
| Anlagevermögen | | Eigenkapital | 68.000,00 € |
| BGA | 45.000,00 € | Fremdkapital | |
| Umlaufvermögen | | Verbindlichkeiten gg. KI | 38.000,00 € |
| Rohstoffe | 30.000,00 € | Verbindlichkeiten LL | 50.000,00 € |
| Waren | 15.000,00 € | | |
| Forderungen LL | 18.000,00 € | | |
| Kasse | 1.000,00 € | | |
| Bank | 47.000,00 € | | |
| | 156.000,00 € | | 156.000,00 € |

Durch den Geschäftsfall „Umschuldung" sind die Bilanzpositionen ___Verbindlichkeiten gg. KI___ und ___Verbindlichkeiten LL___ verändert worden. Beide Positionen befinden sich auf der ___Passiv___ - Seite der Bilanz. Die Bilanzsumme wird ___nicht verändert___. Die durch diesen Geschäftsfall bewirkte Bilanzveränderung heißt ___Passiv-Tausch___.

## 4.3. Aktiv-Passiv-Minderung

Bei einer Aktiv-Passiv-Minderung werden durch einen Geschäftsfall eine Position auf der Aktiv-Seite der Bilanz und eine Position auf der Passiv-Seite der Bilanz um einen identischen Betrag vermindert.

### Beispiel 3 – Aktiv-Passiv-Minderung
Bente Baut hat die folgende Bilanz aufgestellt.

| Aktiva | Bilanz | | Passiva |
|---|---|---|---|
| Anlagevermögen | | Eigenkapital | 68.000,00 € |
| BGA | 45.000,00 € | Fremdkapital | |
| Umlaufvermögen | | Darlehensschulden | 38.000,00 € |
| Rohstoffe | 30.000,00 € | Verbindlichkeiten LL | 50.000,00 € |
| Waren | 15.000,00 € | | |
| Forderungen LL | 18.000,00 € | | |
| Kasse | 1.000,00 € | | |
| Bank | 47.000,00 € | | |
| | 156.000,00 € | | 156.000,00 € |

Bente Baut überweist 13.000,00 € von seinem Bankkonto und begleicht so Lieferantenrechnungen. Der Geschäftsfall „Rechnungsausgleich" bewirkt eine Bilanzveränderung.

| Aktiva | Bilanz | | Passiva |
|---|---|---|---|
| Anlagevermögen | | Eigenkapital | 68.000,00 € |
| BGA | 45.000,00 € | Fremdkapital | |
| Umlaufvermögen | | Darlehensschulden | 38.000,00 € |
| Rohstoffe | 30.000,00 € | Verbindlichkeiten LL | 37.000,00 € |
| Waren | 15.000,00 € | | |
| Forderungen LL | 18.000,00 € | | |
| Kasse | 1.000,00 € | | |
| Bank | 34.000,00 € | | |
| | 143.000,00 € | | 143.000,00 € |

Durch den Geschäftsfall „Rechnungsausgleich" sind die Bilanzpositionen __Bank__ und __Verbindlichkeiten LL__ verändert worden. Die Position Bank befindet sich auf der __Aktiv__-Seite der Bilanz. Die Position Verbindlichkeiten LL befindet sich auf der __Passiv__-Seite der Bilanz. Die Bilanzsumme wird __verringert/vermindert__. Die durch diesen Geschäftsfall bewirkte Bilanzveränderung heißt __Aktiv-Passiv-Minderung__.

## 4.4. Aktiv-Passiv-Mehrung

Bei einer Aktiv-Passiv-Mehrung werden durch einen Geschäftsfall eine Position auf der Aktiv-Seite der Bilanz und eine Position auf der Passiv-Seite der Bilanz um einen identischen Betrag gemehrt.

### Beispiel 4 – Aktiv-Passiv-Mehrung
Bente Baut hat die folgende Bilanz aufgestellt.

| Aktiva | **Bilanz** | | Passiva |
|---|---|---|---|
| Anlagevermögen | | Eigenkapital | 68.000,00 € |
| BGA | 45.000,00 € | Fremdkapital | |
| Umlaufvermögen | | Verbindlichkeiten gg. KI | 38.000,00 € |
| Rohstoffe | 30.000,00 € | Verbindlichkeiten LL | 37.000,00 € |
| Waren | 15.000,00 € | | |
| Forderungen LL | 18.000,00 € | | |
| Kasse | 1.000,00 € | | |
| Bank | 34.000,00 € | | |
| | 143.000,00 € | | 143.000,00 € |

Bente Baut hat in einer Lotterie 1.000,00 € gewonnen. Der Gewinn wird auf dem Bankkonto gutgeschrieben. Der Geschäftsfall „Lotteriegewinn" bewirkt eine Bilanzveränderung.

| Aktiva | **Bilanz** | | Passiva |
|---|---|---|---|
| Anlagevermögen | | Eigenkapital | 69.000,00 € |
| BGA | 45.000,00 € | Fremdkapital | |
| Umlaufvermögen | | Verbindlichkeiten gg. KI | 38.000,00 € |
| Rohstoffe | 30.000,00 € | Verbindlichkeiten LL | 37.000,00 € |
| Waren | 15.000,00 € | | |
| Forderungen LL | 18.000,00 € | | |
| Kasse | 1.000,00 € | | |
| Bank | 35.000,00 € | | |
| | 144.000,00 € | | 144.000,00 € |

Durch den Geschäftsfall „Lotteriegewinn" sind die Bilanzpositionen ____Bank____ und ____Eigenkapital____ verändert worden. Die Position Bank befindet sich auf der ____Aktiv____ - Seite der Bilanz. Die Position Eigenkapital befindet sich auf der ____Passiv____ - Seite der Bilanz. Die Bilanzsumme wird ____vergrößert/gemehrt____ . Die durch diesen Geschäftsfall bewirkte Bilanzveränderung heißt ____Aktiv-Passiv-Mehrung____ .

---

**Fazit**: Es gibt vier mögliche Bilanzveränderungen.

- Aktiv-Tausch
- Passiv-Tausch
- Aktiv-Passiv-Minderung
- Aktiv-Passiv-Mehrung

© Lübecks Schulungen GbR

# 5. Bestandskonten

Da jeder Geschäftsfall Auswirkungen auf die Bilanz hat und täglich zahlreiche Geschäftsfälle vorkommen, ist es nicht sinnvoll jeden Vorgang direkt in der Bilanz zu dokumentieren. Daher werden aus den einzelnen Bilanzpositionen verschiedene Konten abgeleitet.
Für jede Bilanzposition gibt es mindestens ein Konto.

| S | T-Konto | H |
|---|---|---|
|   |   |   |

Diese Konten werden **Bestandskonten** genannt und wie die Bilanz in der T-Form, dem sogenannten T-Konto, dargestellt.

Die **linke Kontoseite** wird als **Sollseite** (S),

die **rechte Kontoseite** wird als **Habenseite** (H) bezeichnet.

---

**Aktive Bestandskonten** werden von Positionen auf der **Aktiv-Seite** der Bilanz abgeleitet.

**Passive Bestandskonten** werden von Positionen auf der **Passiv-Seite** der Bilanz abgeleitet.

---

### 1. Beispiel - Bestandskonten

| Aktiva | | Bilanz | | Passiva |
|---|---|---|---|---|
| Anlagevermögen | | | Eigenkapital | 68.000,00 € |
|   BGA | | 45.000,00 € | Fremdkapital | |
| Umlaufvermögen | | |   Verbindlichkeiten gg. KI | 40.000,00 € |
|   Rohstoffe | | 30.000,00 € |   Verbindlichkeiten LL | 36.000,00 € |
|   Waren | | 15.000,00 € | | |
|   Forderungen LL | | 18.000,00 € | | |
|   Kasse | | 1.000,00 € | | |
|   Bank | | 35.000,00 € | | |
| | | 144.000,00 € | | 144.000,00 € |

Aus dieser Bilanz ergeben sich die aktiven Bestandskonten...

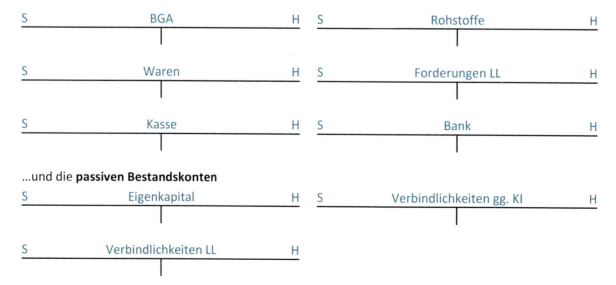

...und die passiven Bestandskonten

# Bestandskonten

> Bei **Aktiven Bestandskonten** stehen die Anfangsbestände auf der **linken** Kontoseite, der **Soll-Seite**.
>
> Bei **Passive Bestandskonten** stehen die Anfangsbestände auf der **rechten** Kontoseite, der **Haben-Seite**.

## 2. Beispiel – Anfangsbestände

| Aktiva | | Bilanz | | Passiva |
|---|---|---|---|---|
| Anlagevermögen | | | Eigenkapital | 68.000,00 € |
| BGA | | 45.000,00 € | Fremdkapital | |
| Umlaufvermögen | | | Verbindlichkeiten gg. KI | 40.000,00 € |
| Rohstoffe | | 30.000,00 € | Verbindlichkeiten LL | 36.000,00 € |
| Waren | | 15.000,00 € | | |
| Forderungen LL | | 18.000,00 € | | |
| Kasse | | 1.000,00 € | | |
| Bank | | 35.000,00 € | | |
| | | <u>144.000,00 €</u> | | <u>144.000,00 €</u> |

Die **aktiven Bestandskonten** haben folgende **Anfangsbestände**:

<u>Hinweis</u>: In der manuellen Buchführung kann ein Eröffnungsbilanzkonto (Saldenvortragkonto) für die Gegenbuchung der Eröffnungsbestände geführt werden.

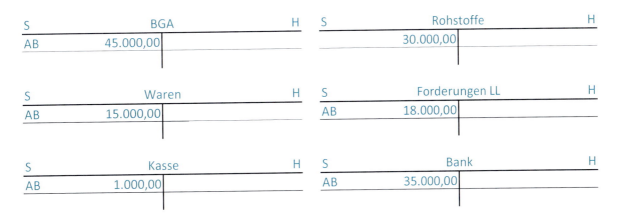

Die **passiven Bestandskonten** haben folgende **Anfangsbestände**:

| S | Eigenkapital | H | | S | Verbindlichkeiten gg. KI | H |
|---|---|---|---|---|---|---|
| | AB | 68.000,00 | | | AB | 40.000,00 |

| S | Verbindlichkeiten LL | H |
|---|---|---|
| | AB | 36.000,00 |

© Lübecks Schulungen GbR

■ Nachschlagewerk

> **Aktiven Bestandskonten** stehen (Bestands-)Mehrungen auf der **linken** Kontoseite, der **Soll-Seite**.
>
> Bei **Passive Bestandskonten** stehen (Bestands-)Mehrungen auf der **rechten** Kontoseite, der **Haben-Seite**.

### 3. Beispiel - Bestandsmehrungen
Bente Baut kauft Stühle (Waren) für 2000,00 € auf Ziel:

| S | Waren | | H | | S | Verbindlichkeiten LL | | H |
|---|---|---|---|---|---|---|---|---|
| AB | 15.000,00 | | | | | | AB | 36.000,00 |
| | 2.000,00 | | | | | | | 2.000,00 |

> Bei **Aktiven Bestandskonten** stehen (Bestands-)Minderungen auf der **rechten** Kontoseite, der **Haben-Seite**.
>
> Bei **Passive Bestandskonten** stehen (Bestands-)Minderungen auf der **linken** Kontoseite, der **Soll-Seite**.

### 4. Beispiel - Bestandsminderungen
Die Tilgungsrate in Höhe von 800,00 € für das Darlehen wird vom Bankkonto abgebucht.

| S | Bank | | H | | S | Verbindlichkeiten gg. KI | | H |
|---|---|---|---|---|---|---|---|---|
| AB | 35.000,00 | | 800,00 | | | 800,00 | AB | 40.000,00 |

Am Ende des Geschäftsjahres werden die Schlussbestände der Konten berechnet. Hierfür gilt die Gleichung:

**Anfangsbestand + Bestandsmehrungen – Bestandsminderung = Schlussbestand**

> Bei **Aktiven Bestandskonten** werden die Schlussbestände auf der **rechten** Kontoseite, der **Haben-Seite** gebucht.
>
> Bei **Passiven Bestandskonten** werden die Schlussbestände auf der **linken** Kontoseite, der **Soll-Seite** gebucht.

Um ein Konto abzuschließen, gehen Sie wie folgt vor:

1. Tragen Sie das Kürzel für den Schlussbestand (SB) auf der entsprechenden Kontoseite ein.
2. Ermitteln Sie die Kontensumme, indem Sie Anfangsbestand und Bestandsmehrungen addieren.
3. Übertragen Sie die Kontensumme auf die andere Kontoseite.
4. Ermitteln Sie den Schlussbestand[1] (auf der schwächeren Kontoseite) durch „Lückenrechen".
5. Die Schlussbestände werden auf dem **Schlussbilanzkonto**\* gegengebucht.
6. Ungenutzte Kontenzeilen können Sie mit einer Buchhalternase entwerten.

---

[1] Der Schlussbestand muss mit dem Inventurbestand übereinstimmen

## 5. Beispiel – Abschluss der Bestandskonten
Die Bestandskonten werden wie folgt abgeschlossen:

| S | BGA | | H |   | S | Rohstoffe | | H |
|---|---|---|---|---|---|---|---|---|
| AB | 45.000,00 | SB | 45.000,00 | | AB | 30.000,00 | SB | 30.000,00 |
|  | 45.000,00 |  | 45.000,00 | |  | 30.000,00 |  | 30.000,00 |

| S | Waren | | H |   | S | Forderungen LL | | H |
|---|---|---|---|---|---|---|---|---|
| AB | 15.000,00 | SB | 17.000,00 | | AB | 18.000,00 | SB | 18.000,00 |
|  | 2.000,00 |  |  | |  | 18.000,00 |  | 18.000,00 |
|  | 17.000,00 |  | 17.000,00 | |  |  |  |  |

| S | Kasse | | H |   | S | Bank | | H |
|---|---|---|---|---|---|---|---|---|
| AB | 1.000,00 | SB | 1.000,00 | | AB | 35.000,00 |  | 800,00 |
|  | 1.000,00 |  | 1.000,00 | |  |  | SB | 34.200,00 |
|  |  |  |  | |  | 35.000,00 |  | 35.000,00 |

| S | Eigenkapital | | H |   | S | Verbindlichkeiten LL | | H |
|---|---|---|---|---|---|---|---|---|
| SB | 68.000,00 | AB | 68.000,00 | | SB | 38.000,00 | AB | 36.000,00 |
|  | 68.000,00 |  | 68.000,00 | |  |  |  | 2.000,00 |
|  |  |  |  | |  | 38.000,00 |  | 38.000,00 |

| S | Verbindlichkeiten gg. KI | | H |   | S | Schlussbilanzkonto | | H |
|---|---|---|---|---|---|---|---|---|
|  | 800,00 | AB | 40.000,00 | | BGA | 45.000,00 | Eigenkap. | 68.000,00 |
| SB | 39.200,00 |  |  | | Rohstoffe | 30.000,00 | Verb. KI | 39.200,00 |
|  | 40.000,00 |  | 40.000,00 | | Waren | 17.000,00 | Verb. LL | 38.000,00 |
|  |  |  |  | | Ford. LL | 18.000,00 |  |  |
|  |  |  |  | | Kasse | 1.000,00 |  |  |
|  |  |  |  | | Bank | 34.200,00 |  |  |
|  |  |  |  | |  | 145.200,00 |  | 145.200,00 |

Anhand des Schlussbilanzkontos wird die neue Bilanz erstellt.

| Aktiva | Bilanz | | Passiva |
|---|---|---|---|
| Anlagevermögen |  | Eigenkapital | 68.000,00 € |
| BGA | 45.000,00 € | Fremdkapital |  |
| Umlaufvermögen |  | Verbindlichkeiten gg. KI | 39.200,00 € |
| Rohstoffe | 30.000,00 € | Verbindlichkeiten LL | 38.000,00 € |
| Waren | 17.000,00 € |  |  |
| Forderungen LL | 18.000,00 € |  |  |
| Kasse | 1.000,00 € |  |  |
| Bank | 34.200,00 € |  |  |
|  | 145.200,00 € |  | 145.200,00 € |

Hinweis:
In der EDV-Buchführung wird die Bilanz rechnerisch ermittelt. Dabei wird z. B. in den DATEV-Programmen über Zuordnungstabellen und Kontenzwecke gesteuert, welches Konto in welche Bilanzposition einfließt. Die (Schluss-)Bestände der Konten werden dann in das neue Wirtschaftsjahr übernommen, ohne dass entsprechende Buchungen vorgenommen werden müssen. Zuordnungstabellen und Kontenzwecke sind in den Programmen hinterlegt, eine Anpassung ist i. d. R. nicht erforderlich.

© Lübecks Schulungen GbR

# 6. Grundsätze ordnungsgemäßer Buchführung (GoB)

Im **Handelsgesetzbuch** (HGB) wird vorgeschrieben wie ein Kaufmann seine Bücher zu führen hat:

**§ 238 Buchführungspflicht**

(1) Jeder Kaufmann ist verpflichtet, Bücher zu führen und in diesen seine Handelsgeschäfte und die Lage seines Vermögens nach den Grundsätzen ordnungsmäßiger Buchführung ersichtlich zu machen. Die Buchführung muß so beschaffen sein, daß sie einem sachverständigen Dritten innerhalb angemessener Zeit einen Überblick über die Geschäftsvorfälle und über die Lage des Unternehmens vermitteln kann. Die Geschäftsvorfälle müssen sich in ihrer Entstehung und Abwicklung verfolgen lassen.

Ein Kaufmann ist also nach dem HGB nicht nur zur Buchführung verpflichtet, sondern ihm wird auch vorgeschrieben, wie die Buchführung ausgestaltet sein muss. Eine wesentliche Bedingung für eine rechtsgültige Buchführung ist, dass ein „sachverständiger Dritter", z. B. ein Steuerprüfer, die Buchführung nachvollziehen kann.

Außerdem muss ein Geschäftsfall, wie z. B. der Kauf von Ware, sich in den wesentlichen Punkten nachvollziehen lassen. Es müssen also die Auftragserteilung, die Lieferung, die Rechnung und die Bezahlung der Rechnung dokumentiert sein.

Im HGB gibt es in den § 239 – 256a weitere Vorschriften, die die Buchführung und den Jahresabschluss betreffen. So heißt es in

**§ 239 Führung der** Handelsbücher

(1) Bei der Führung der Handelsbücher und bei den sonst erforderlichen Aufzeichnungen hat sich der Kaufmann einer lebenden Sprache zu bedienen. Werden Abkürzungen, Ziffern, Buchstaben oder Symbole verwendet, muß im Einzelfall deren Bedeutung eindeutig festliegen.

(2) Die Eintragungen in Büchern und die sonst erforderlichen Aufzeichnungen müssen vollständig, richtig, zeitgerecht und geordnet vorgenommen werden.

(3) Eine Eintragung oder eine Aufzeichnung darf nicht in einer Weise verändert werden, daß der ursprüngliche Inhalt nicht mehr feststellbar ist. Auch solche Veränderungen dürfen nicht vorgenommen werden, deren Beschaffenheit es ungewiß läßt, ob sie ursprünglich oder erst später gemacht worden sind.

(4) Die Handelsbücher und die sonst erforderlichen Aufzeichnungen können auch in der geordneten Ablage von Belegen bestehen oder auf Datenträgern geführt werden, soweit diese Formen der Buchführung einschließlich des dabei angewandten Verfahrens den Grundsätzen ordnungsmäßiger Buchführung entsprechen. Bei der Führung der Handelsbücher und der sonst erforderlichen Aufzeichnungen auf Datenträgern muß insbesondere sichergestellt sein, daß die Daten während der Dauer der Aufbewahrungsfrist verfügbar sind und jederzeit innerhalb angemessener Frist lesbar gemacht werden können. Absätze 1 bis 3 gelten sinngemäß.

Grundsätze ordnungsgemäßer Buchführung (GoB)

In der **Abgabenordnung** (AO) wird der Kreis der buchführungspflichtigen Unternehmen erweitert um gewerbliche Unternehmer sowie Land- und Forstwirte mit

- Jahresumsätzen von mehr als 500.000 € oder
- selbstbewirtschafteten land- und forstwirtschaftliche Flächen im Wert von mehr als 25.000 € oder
- Gewinn von mehr als 50.000 € im Jahr

Die Abgabenordnung gilt für alle Steuern, die durch Bundesrecht oder Recht der Europäischen Union geregelt sind und die durch die Bundes- oder Landesfinanzbehörden verwaltet werden.

Die Abgabenordnung enthält noch weitere über die Anforderungen des HGBs hinausgehende Vorschriften zur Buchführung. So wird z. B. im § 146 AO verlangt, dass Kasseneinnahmen und –ausgaben täglich gebucht werden.

Aus den Vorschriften des HGBs und der AO lassen sich folgende Grundsätze ableiten:

- Der Inhalt der Buchführung muss verständlich sein (lebende Sprache, eindeutige Abkürzungen etc.)
- Die Buchführung muss alle Geschäftsfälle enthalten
- Es dürfen keine Buchungen ohne Belege erfolgen
- Die Buchungen müssen zeitnah erfolgen
- Es müssen die korrekten Konten angesprochen werden
- Die Geschäftsfälle müssen geordnet sein
- In den Konten/Buchungen darf nicht „radiert" werden
- sämtliche Buchführungsunterlagen müssen 10 Jahre (Aufbewahrungsfrist) aufbewahrt werden. Die Frist beginnt mit dem Ende des Kalenderjahrs in dem der Vorgang/Beleg entstanden ist. Innerhalb dieser Frist müssen die Unterlagen jederzeit lesbar sein bzw. lesbar gemacht werden können.

Die Buchführung muss also sowohl sachlich wie auch zeitlich geordnet erfolgen.

Die **sachliche Ordnung** haben Sie durch das Buchen auf den Bestandskonten bereits kennengelernt.

Die Bestandskonten gehören zu den **Sachkonten**, die in ihrer Gesamtheit das **Hauptbuch** bilden.

Die **zeitliche Ordnung** erfolgt über die Darstellung der Geschäftsfälle in Buchungssätzen (Buchungsanweisungen). Die Buchungssätze bilden das **Grundbuch**.

| Sachliche Ordnung | — | Sachkonten | — | Hauptbuch |
|---|---|---|---|---|
| Zeitliche Ordnung | — | Buchungssätze | — | Grundbuch |

# 7. Buchungssatz

Ursprünglich ist ein Buchungssatz mit dem Wort „per" begonnen worden, es folgt die Nennung des im Soll bebuchten Kontos, dann folgt das Wort „an" und die Nennung des im Haben bebuchten Kontos. Heutzutage wird das Wort „per" üblicherweise weggelassen.

> Eine Buchung auf der **Soll-Seite** eines Kontos (linke Kontenseite) wird **Sollbuchung** genannt.
>
> Eine Buchung auf der **Haben-Seite** eines Kontos (rechte Kontenseite) wird **Habenbuchung** genannt.

### 1. Beispiel – einfacher Buchungssatz
Bente Baut kauft Holz (Rohstoffe) für 1.000,00 € auf Ziel.

| Kontenbezeichnung | Soll | Haben |
|---|---|---|
| Rohstoffe | 1.000,00 | |
| an  Verbindlichkeiten LL | | 1.000,00 |

Es können in einem Geschäftsfall auch mehr als zwei Konten angesprochen werden. In diesen Fällen spricht man von zusammengesetzten Buchungssätzen.
Auch in diesen Fällen gilt, wie für jede andere Buchung auch:

> Die **Summe**, der **im Soll** gebuchten Beträge, ist **gleich** der **Summe**, der **im Haben** gebuchten Beträge.

### 2. Beispiele – zusammengesetzter Buchungssatz
a. Bente Baut kauft (Ware) für 1.000,00 € und ein Notebook für 800,00 € auf Ziel.

| Kontenbezeichnung | Soll | Haben |
|---|---|---|
| Waren | 1.000,00 | |
| BGA | 800,00 | |
| an  Verbindlichkeiten LL | | 1.800,00 |

b. Bente Baut kauft Büroeinrichtung für 3.000,00 € und zahlt 500,00 € bar, den Rest durch Banküberweisung.

| Kontenbezeichnung | Soll | Haben |
|---|---|---|
| BGA | 3.000,00 | |
| an  Kasse | | 500,00 |
| Bank | | 2.500,00 |

# 8. Geldtransit

Wenn ein Unternehmer Geld aus der Kasse entnimmt und auf das Bankkonto einzahlt, wird meist vermutet, dass es sich dabei um einen Geschäftsfall handelt. Tatsächlich sind es aber zwei Geschäftsfälle. Ihnen liegen auch zwei Buchungsbelege vor:

1. Die Entnahme aus der Kasse         Kassenbericht
2. Die Gutschrift auf dem Bankkonto    Kontoauszug

Würden Sie beide Belege ohne die Nutzung eines Zwischenkontos buchen, würden Sie die Buchführung verfälschen, da der Vorgang 2x gebucht worden wäre. Dieses Problem tritt immer dann auf, wenn Geld innerhalb des Unternehmens transferiert wird, z. B. wenn Geld vom Bankkonto abgehoben und in die Kasse gelegt wird

- die Barabhebung      Dokumentation auf den Kontoauszug der Bank
- die Kasseneinlage    Dokumentation im Kassenbericht

Die Gegenbuchung erfolgt jeweils über das **Bestandskonto** GELDTRANSIT.

Dieses Konto wird immer angesprochen, wenn innerhalb des Unternehmens Geld transferiert wird:

Bank <-> Bank, Bank <-> Kasse oder Kasse <-> Kasse

Nachdem beide Belege gebucht sind, ist das Konto Geldtransit ausgeglichen.

### BEISPIEL – Geldtransit

Ein Unternehmer entnimmt der Kasse 100,00 € und zahlt den Betrag auf das Bankkonto ein. Die Kasse hat einen Anfangsbestand von 1.800,00 €, die Bank von 3.000,00 €.

1. Buchung des **Kassenberichts** → Entnahme

| Geldtransit | 100,00 | |
|---|---|---|
| an Kasse | | 100,00 |

2. Buchung des **Bankkontoauszug** → Gutschrift

| Bank | 100,00 | |
|---|---|---|
| an Geldtransit | | 100,00 |

3. Auswirkungen auf die Konten

| S | Geldtransit | | H |
|---|---|---|---|
| AB | 0,00 | 2. | 100,00 |
| 1. | 100,00 | SB | 0,00 |
| | 100,00 | | 100,00 |

| S | Kasse | | H |
|---|---|---|---|
| AB | 1.800,00 | 1. | 100,00 |
| | | SB | 1.700,00 |
| | 1.800,00 | | 1.800,00 |

| S | Bank | | H |
|---|---|---|---|
| AB | 3.000,00 | SB | 3.100,00 |
| 2. | 100,00 | | |
| | 3.100,00 | | 3.100,00 |

© Lübecks Schulungen GbR

# 9. Erfolgskonten

Das Ziel einer unternehmerischen Tätigkeit ist es, das Eigenkapital zu mehren, oder mit anderen Worten ausgedrückt, einen Gewinn zu erzielen.

Bei den bisherigen Geschäftsfällen hat sich das Eigenkapital nur dann geändert, wenn der Unternehmer Privatmittel in das Unternehmen eingebracht hat, oder dem Unternehmen etwas für private Zwecke entnommen hat. Ein Gewinn oder Verlust ist dabei nicht erzielt worden.

## 9.1. Aufwendungen und Erträge

Geschäftsfälle, die den Unternehmenserfolg beeinflussen, also das Eigenkapital verändern, sind bisher noch nicht bearbeitet worden. Hierzu gehören z. B. die Buchungen der Verkaufserlöse, Mieteinnahmen, Personalkosten, Mietzahlungen. Diese Geschäftsfälle teilen sich in zwei Kategorien auf:

> Geschäftsfälle, bei denen ein **Aufwand** gebucht wird, die also eine **Eigenkapitalminderung** bewirken, sind z. B. Personalkosten, Telefonkosten, Zinszahlungen.
>
> Geschäftsfälle, bei denen ein **Ertrag** gebucht wird, die also eine **Eigenkapitalmehrung** bewirken, sind z. B. Verkaufserlöse, Zinserträge, Mieteinnahmen.

Es wäre denkbar, dass diese Geschäftsfälle direkt im Konto Eigenkapital gebucht werden.

### Beispiel – bisherige Vorgehensweise

1. Die Telefongesellschaft stellt 180,00 € in Rechnung.
2. Der Mieter überweist die Miete in Höhe von 800,00 € auf das Bankkonto.

| S | Eigenkapital | | H |
|---|---|---|---|
| 1. Telefonkosten | 180,00 | AB | 10.000,00 |
| | | 2. Mieteinnahme | 800,00 |

| S | Bank | H | | S | Verbindlichkeiten LL | H |
|---|---|---|---|---|---|---|
| AB | 30.000,00 | | | | AB | 20.000,00 |
| 2. | 800,00 | | | | 1. | 180,00 |

| Eigenkapital | Eigenkapital**minderungen** durch unternehmerische Tätigkeiten | → **Aufwendungen** |
|---|---|---|
| | Eigenkapital**mehrungen** durch unternehmerische Tätigkeiten | → **Erträge** |

# Erfolgskonten

Da die große Mehrheit aller Geschäftsfälle erfolgsorientierte Vorgänge betrifft, würde das Eigenkapitalkonto sehr unübersichtlich werden.

Außerdem wäre die Buchführung nicht aussagekräftig, da es aufwendig wäre, die genaue Höhe bestimmter **Aufwendungen** wie z. B. der Telefonkosten oder bestimmter **Erträge** z. B. der Zinserträge zu ermitteln.

Daher werden Aufwendungen und Erträge nicht direkt über das Eigenkapitalkonto gebucht, sondern auf **Unterkonten** des **Eigenkapitalkontos**. Diese Konten heißen **Erfolgskonten**.

Da die **Erfolgskonten** Unterkonten des Eigenkapitalkontos sind, haben sie **keine Anfangsbestände**.

Die **Erfolgskonten** werden unterteilt in **Aufwandskonten** und **Ertragskonten**.

> **Aufwendungen** (Eigenkapitalminderungen) werden auf **Aufwandskonten** im Soll (auf der linken Kontoseite) erfasst.
>
> **Erträge** (Eigenkapitalmehrungen) werden auf Ertragskonten im Haben (auf der rechten Kontoseite) erfasst.

## 1. Beispiel – Buchung eines Aufwands

Die Telefongesellschaft stellt 180,00 € in Rechnung.

a. Buchung des Aufwands

| Telefon | 180,00 | |
|---|---|---|
| an  Verbindlichkeiten LL | | 180,00 |

b. Auswirkung auf die Sachkonten

| S | Telefon | H | S | Verbindlichkeiten LL | H |
|---|---|---|---|---|---|
| | 180,00 | | | 1 | 180,00 |

Der Aufwand bewirkt eine Eigenkapitalminderung, daher wird er im Soll (der linken Kontoseite des Aufwandkontos) gebucht.

## 2. Beispiel – Buchung eines Ertrags

Der Mieter überweist die Jahresmiete in Höhe von 8.000,00 € auf das Bankkonto.

a. Buchung des Ertrags

| Bank | 8.000,00 | |
|---|---|---|
| an  Mieterträge | | 8.000,00 |

b. Auswirkung auf die Sachkonten

| S | Telefon | H | S | Verbindlichkeiten LL | H |
|---|---|---|---|---|---|
| | 180,00 | | | 1 | 180,00 |

| S | Bank | H | S | Mieterträge | H |
|---|---|---|---|---|---|
| | 8.000,00 | | | | 8.000,00 |

Der Ertrag bewirkt eine Eigenkapitalmehrung, daher wird er im Haben (der rechten Kontoseite des Ertragskontos) gebucht.

## 9.2. Gewinn- und Verlustkonto (GuV)

Am Geschäftsjahresende werden die Erfolgskonten über das Gewinn- und Verlustkonto abgeschlossen.

Wenn die Summe der Erträge größer ist als die Summe der Aufwendungen, ergibt sich beim Abschluss der GuV ein **Gewinn**.

Übersteigt die Summe der Aufwendungen die der Erträge, ergibt sich ein **Verlust**.

> Im **Gewinn- und Verlustkonto** wird ein **Gewinn** auf der linken Kontoseite, der **Soll-Seite**, ausgewiesen.
>
> Im **Gewinn- und Verlustkonto** wird ein **Verlust** auf der rechten Kontoseite, der **Haben-Seite**, ausgewiesen.

Die **Gegenbuchung** des Gewinns bzw. des Verlustes erfolgt im **Eigenkapitalkonto**:

- Ein **Gewinn** stellt eine **Eigenkapitalmehrung** dar und wird auf der **Haben-Seite** (rechte Seite) des passiven Bestandskontos **Eigenkapital** gebucht.
- Ein **Verlust** stellt eine **Eigenkapitalminderung** dar und wird auf der **Soll-Seite** (linken Seite) des passiven Bestandskontos **Eigenkapital** gebucht.

Hinweis:
In der EDV-Buchführung wird die GuV rechnerisch ermittelt. Dabei wird z. B. in den DATEV-Programmen über Zuordnungstabellen und Kontenzwecke gesteuert, welches Erfolgskonto in welche GuV-Position einfließt. Zuordnungstabellen und Kontenzwecke sind in den Programmen hinterlegt, eine Anpassung ist i. d. R. nicht erforderlich.

### 1. Beispiel – Gewinn

| S | Löhne | | H |
|---|---|---|---|
| | 20.000,00 | GuV | 40.000,00 |
| | 20.000,00 | | |
| | 40.000,00 | | 40.000,00 |

| S | Provisionserträge | | H |
|---|---|---|---|
| GuV | 70.000,00 | | 30.000,00 |
| | | | 40.000,00 |
| | 70.000,00 | | 70.000,00 |

| S | Miete (unbewegliche Wirtschaftsgüter) | | H |
|---|---|---|---|
| | 15.000,00 | GuV | 15.000,00 |
| | 15.000,00 | | 15.000,00 |

| S | Mieterträge | | H |
|---|---|---|---|
| GuV | 36.000,00 | | 18.000,00 |
| | | | 18.000,00 |
| | 36.000,00 | | 36.000,00 |

| S | GuV | | H |
|---|---|---|---|
| Löhne | 40.000,00 | Prov.Ert. | 70.000,00 |
| Miete… | 15.000,00 | Mietert. | 36.000,00 |
| Gewinn | 51.000,00 | | |
| | 106.000,00 | | 106.000,00 |

| S | Eigenkapital | | H |
|---|---|---|---|
| | | AB | xxx,xx |
| | | Gewinn | 51.000,00 |

## 2. Beispiel – Verlust

| S | Löhne | | H |
|---|---|---|---|
| | 25.000,00 | GuV | 50.000,00 |
| | 25.000,00 | | |
| | 50.000,00 | | 50.000,00 |

| S | Provisionserträge | | H |
|---|---|---|---|
| GuV | 45.000,00 | | 30.000,00 |
| | | | 15.000,00 |
| | 45.000,00 | | 45.000,00 |

| S | Miete (unbewegliche Wirtschaftsgü- | | H |
|---|---|---|---|
| | 18.000,00 | GuV | 18.000,00 |
| | 18.000,00 | | 18.000,00 |

| S | Mieterträge | | H |
|---|---|---|---|
| GuV | 16.000,00 | | 8.000,00 |
| | | | 8.000,00 |
| | 16.000,00 | | 16.000,00 |

| S | GuV | | H |
|---|---|---|---|
| Löhne | 50.000,00 | Prov.Ert. | 45.000,00 |
| Miete… | 18.000,00 | Mietert. | 16.000,00 |
| | | Verlust | 7.000,00 |
| | 68.000,00 | | 68.000,00 |

| S | Eigenkapital | | H |
|---|---|---|---|
| Verlust | 7.000,00 | AB | xxx,xx |

## Zusammenfassung:

- Neben den Bestandskonten gibt es die Erfolgskonten.
- Erfolgskonten werden unterteilt in Aufwandskonten und Ertragskonten.
- Erfolgskonten haben keinen Anfangsbestand.
- Aufwendungen werden im Soll gebucht, Erträge werden im Haben gebucht.
- Erfolgskonten werden über das GuV-Konto abgeschlossen.
- Ein Gewinn wird auf der Sollseite des GuV-Kontos ausgewiesen, ein Verlust auf der Habenseite.
- Das GuV-Konto wird über das Eigenkapitalkonto abgeschlossen, d. h. die Gegenbuchung vom Gewinn/Verlust erfolgt im Konto Eigenkapital.

# 10. Kontenrahmen und Kontenplan

Für die Bearbeitung der Geschäftsfälle werden in einem Unternehmen in der Regel zahlreiche Konten benötigt. Um diese Konten zu ordnen, sind verschiedene Kontenrahmen entwickelt worden.

> **Kontenrahmen** sind häufig branchenspezifisch und beinhalten alle für die jeweiligen Branchen mögliche Konten.
>
> Der **Kontenplan** umfasst die Konten eines Kontenrahmens, die in dem Unternehmen tatsächlich genutzt werden.

Die systematische Ordnung der Konten wird durch eine Gliederung der Konten in verschiedene Klassen und Gruppen sowie durch die genaue Bezeichnung der Konten erreicht.

Diese Ordnung ermöglicht

- einen Vergleich der einzelnen Aufwendungen und Erträge des Unternehmens in verschiedenen Zeiträumen
- einen Vergleich der einzelnen Aufwendungen und Erträge eines Unternehmens mit denen anderer Unternehmen desselben Wirtschaftszweiges

Die DATEV eG hat so genannte Standardkontenrahmen (SKR) entwickelt, die so aufgebaut sind, dass sie den Anforderungen möglichst vieler Unternehmen gerecht werden.

## 10.1. Aufbau des Kontenrahmen SKR 04

Der DATEV-Kontenrahmen SKR 04 ist wie auch bei anderen Kontenrahmen üblich in Kontenklassen, Kontengruppen und Einzelkonten gegliedert.

Die Reihenfolge der Kontenklasse ergibt sich aus den handelsrechtlichen Vorschriften für den Jahresabschluss großer Kapitalgesellschaften. Der SKR 04 ist daher ein Kontenrahmen, der nach dem Abschlussgliederungsprinzip erstellt worden ist.

Der Kontenrahmen enthält die folgenden zehn Kontenklassen:

- Kontenklasse 0    Anlagevermögen
- Kontenklasse 1    Umlaufvermögen
- Kontenklasse 2    Eigenkapital
- Kontenklasse 3    Rückstellungen, Verbindlichkeiten
- Kontenklasse 4    Umsatzerlöse, Bestandsveränderungen, sonstige betriebliche Erträge
- Kontenklasse 5    Materialaufwand
- Kontenklasse 6    Personalaufwand, sonstige betriebliche Aufwendungen
- Kontenklasse 7    Finanzergebnis, a. o. Ergebnis, Steuern, Gewinnverwendung
- Kontenklasse 8    frei
- Kontenklasse 9    Vortragskonten, statistische Konten

Kontenrahmen und Kontenplan

## 10.2. Aufbau des Kontenrahmen SKR 03

Eine Alternative zum Abschlussgliederungsprinzip ist das Prozessgliederungsprinzip des SKR 03, bei dem die Reihenfolge der Kontenklassen (0 bis 9) nach den Betriebsabläufen bestimmt wird.

Der DATEV -Kontenrahmen SKR 03 ist auch in Kontenklassen, Kontengruppen und Einzelkonten gegliedert. Die Reihenfolge der Kontenklasse ergibt sich aus dem Prozessgliederungsprinzip.

Der Kontenrahmen enthält die folgenden zehn Kontenklassen:

- Kontenklasse 0: Anlage- und Kapitalkonten
- Kontenklasse 1: Finanz- und Privatkonten
- Kontenklasse 2: Abgrenzungskonten
- Kontenklasse 3: Wareneingangs- und Bestandskonten
- Kontenklasse 4: Betriebliche Aufwendungen
- Kontenklasse 5: frei
- Kontenklasse 6: frei
- Kontenklasse 7: Bestände an Erzeugnissen
- Kontenklasse 8: Ertragskonten
- Kontenklasse 9: Vortrags- und statistische Konten

## 10.3. Aufbau einer Kontonummer

Jedes Sachkonto hat eine vierstellige Nummer. Der Aufbau der Nummern ergibt sich aus folgendem Schema:

| | | | | | |
|---|---|---|---|---|---|
| SKR 04 | 0 | 5 | 2 | 0 | Pkw |
| SKR 03 | 0 | 3 | 2 | 0 | Pkw |

Die 1. Ziffer steht für die Kontenklasse

Die 2. Ziffer steht für die Kontengruppe

Die 3. Ziffer steht für die Kontenuntergruppe

Die 4. Ziffer steht für das Konto

Im Gegensatz zu den Sachkonten haben die Personenkonten fünfstellige Kontonummern.

Für die **Debitoren** (Kunden) stehen die Kontonummern 10.000 - 69.999 und

für die **Kreditoren** (Lieferanten) die Kontonummern 70.000 - 99.999 zur Verfügung.

Hinweis:
Da in der EDV-Buchführung die Bilanz und die GuV rechnerisch ermittelt werden, gibt es keine entsprechenden Konten im Kontenrahmen. Um der Logik der manuellen Buchführung folgen zu können, ist der GuV für den SKR 04 und den SKR 03 die Kontonummer 9999 zugeordnet worden.

# 11.G: Warenkonten

Da Waren zu anderen Preisen verkauft werden als sie eingekauft werden, ist es zwingend erforderlich, die Warenverkäufe auf anderen Konten zu buchen als die Wareneinkäufe.

## 11.1. Warenverkauf

Die Erlöse aus Warenverkäufen werden auf dem **Ertragskonto** ERLÖSE gebucht.

### 1. Beispiel – Warenverkauf
Bente Baut verkauft Stühle und Tische für 1.000,00 € auf Ziel.

| 1210 / 1410 Forderungen LL | 1.000,00 | |
|---|---|---|
| an  4400 / 8400 Erlöse 19% USt. | | 1.000,00 |

Das Konto Erlöse wird wie alle Erfolgskonten über das GuV-Konto abgeschlossen.

### 2. Beispiel – Abschluss des Kontos ERLÖSE
Zum Geschäftsjahresende weist das Konto ERLÖSE Warenverkäufe in Höhe von 23.000,00 € aus.

| S | 4400 / 8400 Erlöse | | H | | S | 9999/9999 GuV | | H |
|---|---|---|---|---|---|---|---|---|
| GuV | 23.000,00 | Σ | 23.000,00 | | | | Erlöse | 23.000,00 |
| | 23.000,00 | | 23.000,00 | | | | | |

## 11.2. Wareneinkauf

Bisher sind die Wareneinkäufe aus Vereinfachungsgründen über das Bestandskonto Waren[1] gebucht worden. In der Praxis werden Wareneinkäufe auf dem **Aufwandskonto** WARENEINGANG gebucht.

### 1. Beispiel - Wareneinkauf
Bente Baut kauft Stühle für 500,00 € auf Ziel.

| 5400 / 3400 Wareneingang 19% VSt. | 500,00 | |
|---|---|---|
| an  3310 / 1610 Verbindlichkeiten LL | | 500,00 |

### 2. Beispiel – Abschluss des Kontos WARENEINGANG
Zum Geschäftsjahresende weist das Konto WARENEINGANG Einkäufe in Höhe von 17.000,00 € aus.

| S | 5400 / 3400 Wareneingang 19% VSt. | | H | | S | 9999/9999 GuV | | H |
|---|---|---|---|---|---|---|---|---|
| Σ | 17.000,00 | GuV | 17.000,00 | | Wareneing. | 17.000,00 | Erlöse | 23.000,00 |
| | 17.000,00 | | 17.000,00 | | | | | |

[1] Die korrekte Kontenbezeichnung lautet Waren (Bestand)

## 11.3. Bestandsveränderungen Waren

Da die Wareneinkäufe nicht über das Konto WAREN (BESTAND) gebucht werden, weist das Aktive Bestandskonto WAREN (BESTAND) im Laufe des Geschäftsjahres nur den Anfangsbestand aus.

Am Geschäftsjahresende muss der bei der Inventur ermittelte Schlussbestand in das Bestandskonto Waren übernommen werden. Für die Gegenbuchung wird das Erfolgskonto BESTANDSVERÄNDERUNGEN WAREN genutzt.

Hinweis: Für die folgenden Beispiele ist das Konto WAREN (BESTAND) in die Konten WARE 1 (BESTAND) und WARE 2 (BESTAND) aufgeteilt worden, damit sinnvoll sowohl eine Bestandsmehrung wie auch eine Bestandsminderung dargestellt werden kann.

### 1. Beispiel – Bestandsmehrung

Das Konto WARE 1 (BESTAND) weist einen Anfangsbestand von 12.000,00 € aus. Der Schlussbestand laut Inventur beträgt 13.000,00 €.

| 1141 / 3981 Ware 1 (Bestand) | 1.000,00 | |
|---|---|---|
| an 5881 / 3950 BV Waren | | 1.000,00 |

| S | 1141 / 3981 Ware 1 (Bestand) | | H | S | 5881 / 3950 Bestandsveränd. Waren | | H |
|---|---|---|---|---|---|---|---|
| AB | 12.000,00 | SB | 13.000,00 | . | | Ware 1 | 1.000,00 |
| | 1.000,00 | | | | | | |
| | 13.000,00 | | 13.000,00 | | | | |

### 2. Beispiel – Bestandsminderung

Das Konto WARE 2 (BESTAND) weist einen Anfangsbestand von 10.000,00 € aus. Der Schlussbestand laut Inventur beträgt 7.000,00 €.

| 5881 / 3950 BV Waren | 3.000,00 | |
|---|---|---|
| an 1142 / 3982 Ware 2 (Bestand) | | 3.000,00 |

| S | 1142 / 3982 Ware 2 (Bestand) | | H | S | 5881 / 3950 Bestandsveränd. Waren | | H |
|---|---|---|---|---|---|---|---|
| AB | 10.000,00 | SB | 7.000,00 | Ware 2 | 3.000,00 | Ware 1 | 1.000,00 |
| | | | 3.000,00 | | | | |
| | 10.000,00 | | 10.000,00 | | | | |

BESTANDSVERÄNDERUNGEN WAREN wird wie alle Erfolgskonten über das GuV-Konto abgeschlossen.

### 3. Beispiel – Abschluss des Kontos BESTANDSVERÄNDERUNGEN WAREN (BV → Aufwand)

Für das Konto BESTANDSVERÄNDERUNGEN WAREN gilt:

Wenn die Summe der im Soll gebuchten Beträge die Summe der im Haben gebuchten Beträge übersteigt, wird die Differenz auf der Habenseite des Kontos BESTANDSVERÄNDERUNGEN WAREN gebucht.

Die Gegenbuchung in der GuV muss daher auf der Soll-Seite erfolgen. Diese Buchung stellt somit einen Aufwand dar. (hier: Fortführung der Beispiele 1 und 2)

| S | 5881 / 3950 Bestandsveränd. Waren | | H | S | 9999/9999 GuV | | H |
|---|---|---|---|---|---|---|---|
| Ware 2 | 3.000,00 | Ware 1 | 1.000,00 | Wareneing. | 17.000,00 | Erlöse | 23.000,00 |
| | | GuV | 2.000,00 | BV Waren | 2.000,00 | | |
| | | | 3.000,00 | | | | |
| | 3.000,00 | | 3.000,00 | | | | |

### 4. Beispiel – Abschluss des Kontos BESTANDSVERÄNDERUNGEN WAREN (BV → Ertrag)

Für das Konto BESTANDSVERÄNDERUNGEN WAREN gilt:

Wenn die Summe der im Haben gebuchten Beträge größer als die Summe der im Soll gebuchten Beträge ist, wird die Differenz auf der Soll-Seite des Kontos BESTANDSVERÄNDERUNGEN WAREN gebucht.

Die Gegenbuchung in der GuV muss daher auf der Haben-Seite erfolgen. Diese Buchung stellt somit einen Ertrag dar. (s. unten)

| S | 5881 / 3950 Bestandsveränd. Waren | | H | S | 9999/9999 GuV | | H |
|---|---|---|---|---|---|---|---|
| ∑ | 200,00 | ∑ | 600,00 | | | BV | 400,00 |
| GuV | 400,00 | | | | | | |
| | 600,00 | | 600,00 | | | | |

Hinweis: Analog zum gezeigten Buchungsverhalten erfolgt die Anpassungsbuchung für den Bestand der Rohstoffe über das Erfolgskonto BESTANDSVERÄNDERUNGEN RHB. (s. auch Kapitel Werkstoffkonten)

## 11.4. Unterscheidung Rohgewinn und Reingewinn

In der Buchführung insbesondere beim Jahresabschluss und in der Kostenrechnung wird beim Gewinn unterschieden nach Rohgewinn und Reingewinn. Die Unterscheidung ergibt sich aus der unterschiedlichen Berechnung.

> **Rohgewinn** = Umsatzerlöse − Wareneinsatz
>
> **Reingewinn** = Umsatzerlöse − Wareneinsatz − alle anderen Kosten (z. B. Personalkosten, Energie)

# 12.I: Werkstoffkonten

Im produzierenden Gewerbe werden Werkstoffe gekauft und mit Hilfe von Maschinen und Arbeitskraft be- und / oder verarbeitet. Die Werkstoffe werden unterschieden in

- Rohstoffe     sind wesentlicher Bestandteil des Erzeugnisses, in einer Tischlerei z. B. Holz
- Hilfsstoffe     gehen in das Erzeugnis ein, sind aber nicht wesentliche Bestanteile, in einer Tischlerei z B. Schrauben oder Holzleim
- Betriebsstoffe     werden bei der Herstellung des Erzeugnisses verbraucht, in einer Tischlerei z. B. Schleifpapier oder Strom für die Maschinen
- Fremdbauteile     werden von anderen Herstellern bezogen und in die Erzeugnisse eingebaut, in der Tischlerei z. B. Glasscheiben für einen Vitrinen Schrank.

## 12.1. Werkstoffeinkauf

Bisher sind die Werkstoffeinkäufe aus Vereinfachungsgründen über das Bestandskonto Rohstoffe[1] gebucht worden. In der Praxis werden Werkstoffeinkäufe auf dem **Aufwandskonto** EINKAUF ROH-, HILFS- UND BETRIEBSSTOFFE... (kurz: Einkauf RHB...) gebucht:

### 1. Beispiel
Sie kaufen Rohstoffe für 500,00 € auf Ziel.

| | | |
|---|---|---|
| 5130 / 3030 Einkauf RHB 19% VSt. | 500,00 | |
| an 3310 / 1610 Verbindlichkeiten LL | | 500,00 |

### 2. Beispiel – Abschluss des Kontos EINKAUF RHB
Das Konto EINKAUF RHB 19% VSt. weist zum Geschäftsjahresende Einkäufe in Höhe von 17.000,00 € aus.

| S | 5130 / 3030 Einkauf RHB | | H | S | 9999/9999 GuV | | H |
|---|---|---|---|---|---|---|---|
| Σ | 17.000,00 | GuV | 17.000,00 | Eink. RHB. | 17.000,00 | | |
| | 17.000,00 | | 17.000,00 | | | | |

<u>Hinweis</u>: Analog zum Buchungsverhalten beim Einkauf von Werkstoffen wird auch beim Einkauf von Waren verwahren. Die Buchung von Wareneinkäufen erfolgt daher auf dem Aufwandskonto WARENEINGANG....

---

[2] Die vollständige Kontenbezeichnung lautet ROH-, HILFS- UND BETRIEBSSTOFFE (BESTAND)

## 12.2. Bestandsveränderungen der Roh-, Hilfs- und Betriebsstoffe

Da die Werkstoffeinkäufe nicht über das Bestandskonto ROH-, HILFS- UND BETRIEBSSTOFFE (BESTAND) gebucht werden, weist das **Aktive Bestandskonto** ROH-, HILFS- UND BETRIEBSSTOFFE (BESTAND) im Laufe des Geschäftsjahres nur den Anfangsbestand aus.

Am Geschäftsjahresende muss der bei der Inventur ermittelte Schlussbestand in das Bestandskonto übernommen werden. Für die Gegenbuchung wird das **Erfolgskonto** BESTANDSVERÄNDERUNGEN ROH-, HILFS- UND BETRIEBSSTOFFE (kurz BV RHB) genutzt.

Hinweis:
Für die folgenden Beispiele ist das Konto ROH-, HILFS- UND BETRIEBSSTOFFE (BESTAND) in die Konten ROHSTOFFE (BESTAND) und HILFS- UND BETRIEBSSTOFFE (BESTAND) aufgeteilt worden, damit sinnvoll sowohl eine Bestandsmehrung wie auch eine Bestandsminderung dargestellt werden kann.

### 1. Beispiel – Bestandsmehrung

Das Konto ROHSTOFFE (BESTAND) 1001 / 3971 weist einen Anfangsbestand von 12.000,00 € aus. Der Schlussbestand laut Inventur beträgt 13.000,00 €.

| 1001 / 3971 Rohstoffe (Bestand) | 1.000,00 | |
|---|---|---|
| an 5885 / 3955 BV RHB | | 1.000,00 |

| S | 1001 / 3971 RHB (Bestand) | | H | S | 5885 / 3955 BV RHB | | H |
|---|---|---|---|---|---|---|---|
| AB | 12.000,00 | SB | 13.000,00 | | | Rohst. | 1.000,00 |
| BV RHB | 1.000,00 | | | | | | |
| | 13.000,00 | | 13.000,00 | | | | |

### 2. Beispiel – Bestandsminderung

Das Konto Hilfs-, und Betriebsstoffe (Bestand) weist einen Anfangsbestand von 10.000,00 € aus. Der Schlussbestand laut Inventur beträgt 7.000,00 €.

| 5885 / 3955 BV RHB | 3.000,00 | |
|---|---|---|
| an 1002 / 3972 Hilfs-, und Betriebsst. (Bestand) | | 3.000,00 |

| S | 1002 / 3972 HB (Bestand) | | H | S | 5885 / 3955 BV RHB | | H |
|---|---|---|---|---|---|---|---|
| AB | 10.000,00 | SB | 7.000,00 | H, B | 3.000,00 | Rohst. | 1.000,00 |
| | | BV RHB | 3.000,00 | | | | |
| | 10.000,00 | | 10.000,00 | | | | |

## 3. Beispiel – Abschluss des Kontos BESTANDSVERÄNDERUNGEN ROH-, HILFS- UND BETRIEBS STOFFE (BV → Aufwand)

Das Konto Bestandsveränderungen RHB wird wie alle Erfolgskonten über das GuV-Konto abgeschlossen.

> Wenn die Summe der im Soll gebuchten Beträge die Summe der im Haben gebuchten Beträge übersteigt, wird die Differenz auf der Habenseite des Kontos BESTANDSVERÄNDERUNGEN RHB gebucht.

Die Gegenbuchung in der GuV muss daher auf der Soll-Seite erfolgen. Diese Buchung stellt somit einen Aufwand dar. (hier: Fortführung der Beispiele 1 und 2)

| S | 5885 / 3955 BV RHB | | H | S | 9999/9999 GuV | | H |
|---|---|---|---|---|---|---|---|
| H., B. | 3.000,00 | Rohst | 1.000,00 | Eink. RHB | 17.000,00 | | |
| | | GuV | 2.000,00 | BV RHB | 2.000,00 | | |
| | 3.000,00 | | 3.000,00 | | | | |

## 4. Beispiel – Abschluss des Kontos BESTANDSVERÄNDERUNGEN ROH-, HILFS- UND BETRIEBS STOFFE (BV → Ertrag)

> Wenn die Summe der im Haben gebuchten Beträge größer als die Summe der im Soll gebuchten Beträge ist, wird die Differenz auf der Soll-Seite des Kontos BESTANDSVERÄNDERUNGEN RHB gebucht.

Die Gegenbuchung in der GuV muss daher auf der Haben-Seite erfolgen. Diese Buchung stellt somit einen Ertrag dar. (s. unten)

In der Kosten- und Leistungsrechnung heißt dieser Erlös „Lagerleistung".

| S | 5885 / 3955 BV RHB | | H | S | 9999/9999 GuV | | H |
|---|---|---|---|---|---|---|---|
| ∑ | 200,00 | ∑ | 600,00 | | | BV | 400,00 |
| GuV | 400,00 | | | | | | |
| | 600,00 | | 600,00 | | | | |

Hinweise:
Analog zum gezeigten Buchungsverhalten erfolgt die Anpassungsbuchung für den Warenbestand über das Erfolgskonto 5881 / 3950 BESTANDSVERÄNDERUNGEN WAREN.

# 12.3. Unterscheidung Rohgewinn und Reingewinn

In der Buchführung insbesondere beim Jahresabschluss und in der Kostenrechnung wird beim Gewinn unterschieden nach Rohgewinn und Reingewinn. Die Unterscheidung ergibt sich aus der unterschiedlichen Berechnung.

> **Rohgewinn** = Umsatzerlöse − Wareneinsatz
>
> **Reingewinn** = Umsatzerlöse − Wareneinsatz − alle anderen Kosten (z. B. Personalkosten, Energie)

## 12.4. Bestandsveränderungen Unfertige und Fertige Erzeugnisse

Zum Geschäftsjahresende gibt es regelmäßig Bestände an Unfertigen und Fertigen Erzeugnissen. Diese Bestände werden auf den **aktiven Bestandskonten** UNFERTIGE ERZEUGNISSE (BESTAND) bzw. FERTIGE ERZEUGNISSE (BESTAND) ausgewiesen. Diese Bestandskonten weisen im Laufe des Geschäftsjahres nur den Anfangsbestand aus.

Am Geschäftsjahresende muss der bei der Inventur ermittelte Schlussbestand in das Bestandskonto übernommen werden. Für die Gegenbuchung werden die **Erfolgskonten** BESTANDSVERÄNDERUNGEN - UNFERTIGE ERZEUGNISSE (BV UE) bzw. BESTANDSVERÄNDERUNGEN - FERTIGE ERZEUGNISSE (BV FE) genutzt.

### 1. Beispiel – Bestandsmehrung
Das Konto UNFERTIGE ERZEUGNISSE (BESTAND) weist einen Anfangsbestand von 12.000,00 € aus. Der Schlussbestand laut Inventur beträgt 12.500,00 €.

| 1050 / 7050 Unfertige Erzeugnisse (Bestand) | 500,00 | |
|---|---|---|
| an  4810 / 8960 BV UE | | 500,00 |

| S | 1050 / 7050 UE (Bestand) | | H | S | 4810 / 8960 BV UE | | H |
|---|---|---|---|---|---|---|---|
| AB | 12.000,00 | SB | 12.500,00 | | | UE | 500,00 |
| BV UE | 500,00 | | | | | | |
| | 12.500,00 | | 12.500,00 | | | | |

### 2. Beispiel – Bestandsminderung
Das Konto FERTIGE ERZEUGNISSE (BESTAND) weist einen Anfangsbestand von 10.000,00 € aus. Der Schlussbestand laut Inventur beträgt 9.400,00 €.

| 4800 / 8980 BV Fertige Erzeugnisse | 600,00 | |
|---|---|---|
| an  1110 / 7110 Fertige Erzeugnisse (Bestand) | | 600,00 |

| S | 1110 / 7110 FE (Bestand) | | H | S | 4800 / 8980 BV FE | | H |
|---|---|---|---|---|---|---|---|
| AB | 10.000,00 | BV FE | 600,00 | FE | 600,00 | | |
| | | SB | 9.400,00 | | | | |
| | 10.000,00 | | 10.000,00 | | | | |

### 3. Beispiel – Abschluss der Konten BV UE und BV FE
Die Bestandveränderungskonten werden wie alle Erfolgskonten über das GuV-Konto abgeschlossen.

| S | BV UE | | H | S | BV FE | | H |
|---|---|---|---|---|---|---|---|
| GuV | 500,00 | UE | 500,00 | FE | 600,00 | GuV | 600,00 |
| | 500,00 | | 500,00 | | 600,00 | | 600,00 |

| S | 9999/9999 GuV | | H |
|---|---|---|---|
| Eink. RHB | 17.000,00 | BV UE | 500,00 |
| BV RHB | 2.000,00 | | |
| BV FE | 600,00 | | |

© Lübecks Schulungen GbR

## 12.5. Verkauf der eigenen Erzeugnisse

Die Erlöse aus den Verkäufen der eigenen Erzeugnisse werden auf dem **Ertragskonto** ERLÖSE gebucht.

Auf diesem Konto werden auch die Erlöse aus Warenverkäufen gebucht.

### 1. Beispiel – Verkauf eigene Erzeugnisse
Bente Baut verkauft Tische für 1.000,00 € auf Ziel.

| 1210 / 1410 Forderungen LL | 1.000,00 | |
|---|---|---|
| an 4400 / 8400 Erlöse 19% USt. | | 1.000,00 |

Das Konto Erlöse wird wie alle Erfolgskonten über das GuV-Konto abgeschlossen.

### 2. Beispiel – Abschluss des Kontos ERLÖSE
Zum Geschäftsjahresende weist das Konto Erlöse Warenverkäufe in Höhe von 23.000,00 € aus.

| S | 4400 / 8400 Erlöse 19% USt. | H | S | 9999/9999 GuV | H |
|---|---|---|---|---|---|
| GuV | 23.000,00 | 23.000,00 | Eink. RHB | 17.000,00 | BV UE 500,00 |
| | 23.000,00 | 23.000,00 | BV RHB | 2.000,00 | Erlöse 23.000,00 |
| | | | BV FE | 600,00 | |

# 13. Umsatzsteuer

Die Umsatzsteuer wird vom Unternehmer bei einem Verkauf zwar in Rechnung gestellt, der Umsatzsteuerbetrag steht aber dem Finanzamt zu und muss daher vom Unternehmer an das Finanzamt weitergeleitet werden.

Im **Umsatzsteuergesetz** (UStG) wird u. a. festgelegt für welche Umsätze die Bestimmungen des Gesetzes gelten. Diese Umsätze heißen **steuerbare Umsätze**.

Zu den steuerbaren Umsätzen gehören

- alle Lieferungen und Leistungen, die von einem Unternehmer im Inland gegen Entgelt erbracht worden sind (z. B. Warenverkauf, Reparaturarbeiten gegen Rechnung)
- der Import von Gegenständen aus einem Nicht-EU-Land in das Zollgebiet (z. B. Einfuhr von Waren aus Indien)
- innergemeinschaftlicher Erwerb im Inland gegen Entgelt (z. B. Kauf von Waren bei einem Lieferanten in Österreich und Lieferung der Waren nach Deutschland)
- Die Entnahme betrieblicher Gegenstände für private Zwecke sofern vorher ein voller oder teilweiser Vorsteuerabzug möglich gewesen ist (z. B. die Entnahme von Waren)
- Die private Nutzung betrieblicher Gegenstände sofern vorher ein voller oder teilweiser Vorsteuerabzug möglich gewesen ist (z. B. die private Nutzung des betrieblichen Telefons)
- Die Entnahme von Dienst- oder Werkleistungen für private Zwecke (z. B. ein Mitarbeiter mäht den Rasen am Privathaus des Unternehmers)

Einige Umsätze gehören zwar zu den steuerbaren Umsätzen, sind aber umsatzsteuerfrei. Dies sind z. B.

- Entgelte für Kreditgewährungen
- Versicherungsprämien
- Mieten und Pachten für Grundstücke
- Honorare von Ärzten, Zahnärzten, Heilpraktikern, Hebammen

Bemessungsgrundlage für die Umsatzsteuer ist in der Regel der Wert des steuerpflichtigen Umsatzes (der Verkaufspreis). Der **Regelsteuersatz** liegt seit 2007 bei **19%**. Neben dem Regelsteuersatz gibt es noch den **ermäßigten Steuersatz** in Höhe von **7%**, dieser Steuersatz gilt u. a. für Grundnahrungsmittel, Bücher und Zeitschriften.

## 13.1. Das Umsatzsteuerkonto

Bei einem **Verkauf** stellt der Unternehmer seinen Kunden den **Verkaufspreis** (Nettorechnungssumme) **und** die darauf anfallende **Umsatzsteuer** in Rechnung. Der Kunde muss diese **Bruttorechnungssumme** (Warenwert zuzüglich Umsatzsteuerbetrag) bezahlen.

Die den Kunden in Rechnung gestellte Umsatzsteuer muss der Unternehmer an das Finanzamt weiterleiten. Die **Umsatzsteuer** ist daher eine **Verbindlichkeit** gegenüber dem Finanzamt, sie wird auf einem **passiven Bestandskonto**, dem Konto UMSATZSTEUER, gebucht.

> - Bei einem **Verkauf** fällt **Umsatzsteuer** an.
> - **Umsatzsteuer** ist eine **Verbindlichkeit** (gegenüber dem Finanzamt)

### Beispiel – Umsatzsteuer
Bente Baut verkauft Waren auf Ziel. Sie stellt dafür folgende Rechnung:

|   | Waren | 5.000,00 € |
|---|---|---|
| + | 19% Umsatzsteuer | 950,00 € |
| = | Bruttorechnungssumme | 5.950,00 € |

| 1210 / 1410 Forderungen LL | 5.950,00 | |
|---|---|---|
| an  4400 / 8400 Erlöse 19% USt. | | 5.000,00 |
| 3806 / 1776 Umsatzsteuer 19% | | 950,00 |

## 13.2. Das Vorsteuerkonto

Bei einem **Einkauf** stellt der Lieferant dem Unternehmer den **Warenwert** (Nettorechnungssumme) **und** die darauf anfallende Umsatzsteuer in Rechnung. Der Unternehmer muss diese **Bruttorechnungssumme** (Warenwert zuzüglich Umsatzsteuerbetrag) bezahlen.

Wird bei einem **Einkauf** Umsatzsteuer in Rechnung gestellt, spricht man von **Vorsteuer**.

Die vom Lieferanten in Rechnung gestellte Vorsteuer kann der Unternehmer vom Finanzamt zurückfordern (§§ 15, 15a UStG). Die **Vorsteuer** ist daher eine **Forderung** an das Finanzamt, sie wird auf einem **aktiven Bestandskonto**, dem Konto **Vorsteuer** gebucht.

> - Bei einem **Einkauf** fällt **Vorsteuer** an.
> - **Vorsteuer** ist eine **Forderung** (an das Finanzamt)

### Beispiel – Vorsteuer
Bente Baut kauft Waren auf Ziel und erhält dafür folgende Rechnung:

|   | Waren | 2.000,00 € |
|---|---|---|
| + | 19% Umsatzsteuer | 380,00 € |
| = | Bruttorechnungssumme | 2.380,00 € |

| 5400 / 3400 Wareneingang 19% VSt. | 2.000,00 | |
|---|---|---|
| 1406 / 1576 Vorsteuer 19% | 380,00 | |
| an  3310 / 1610 Verbindlichkeiten LL | | 2.380,00 |

■ Nachschlagewerk

## 13.3. Verrechnung von Umsatzsteuer und Vorsteuer

In der Regel wird am Ende jeden Monats die Vorsteuerforderung mit der Umsatzsteuerschuld verrechnet, indem die Konten VORSTEUER und UMSATZSTEUER übereinander abgeschlossen werden.

> ■ Sind die **Umsatzsteuer**verbindlichkeiten **größer** als die **Vorsteuer**forderungen verbleibt eine **Zahllast**.
>
> ■ Sind die **Vorsteuer**forderungen **größer** als die **Umsatzsteuer**verbindlichkeiten entsteht ein **Vorsteuerüberhang**.

Bis zum 10. des Folgemonats muss über das Internet eine **Umsatzsteuervoranmeldung** (auf amtlichen Vordrucken) an das Finanzamt abgegeben werden[1].

Die Zahllast muss spätestens bis zum 13. beim Finanzamt eingegangen sein.[1]

Da die Fristen kurz sind, beantragen viele Unternehmer die **Dauerfristverlängerung,** mit der die Fristen um einen Monat verlängert werden.

Nach Ablauf des Kalenderjahres muss der Unternehmer eine Jahreserklärung abgeben. Ergibt sich aus dieser Erklärung eine Differenz zur Summe aus den Voranmeldungen, muss der Differenzbetrag nachgezahlt werden bzw. kann der Differenzbetrag vom Finanzamt zurückgefordert werden.

### 1. Beispiel – Zahllast

Auf den Konten VORSTEUER und UMSATZSTEUER sind folgende Summen aufgelaufen.

| S | 1406 / 1576 Vorsteuer 19% | H | S | 3806 / 1776 Umsatzsteuer 19% | H |
|---|---|---|---|---|---|
| ∑ | 5.500,00 | | | ∑ | 8.000,00 |

| 3806 / 1776 Umsatzsteuer 19% | 5.500,00 | |
|---|---|---|
| an 1406 / 1576 Vorsteuer 19% | | 5.500,00 |

| S | 1406 / 1576 Vorsteuer 19% | H | S | 3806 / 1776 Umsatzsteuer 19% | H |
|---|---|---|---|---|---|
| ∑ | 5.500,00 | USt. 5.500,00 | VSt. 5.500,00 | ∑ | 8.000,00 |
| | | | Zahllast 2.500,00 | | |
| | 5.500,00 | 5.500,00 | 8.000,00 | | 8.000,00 |

> Umsatzsteuer > Vorsteuer → **Zahllast**

---

[1] Fällt das Ende der Frist auf einen Samstag, Sonntag oder gesetzlichen Feiertag verlängert sich die Frist bis zum nächsten Werktag.

## 2. Beispiel – Vorsteuerüberhang
Auf den Konten VORSTEUER und UMSATZSTEUER sind folgende Summen aufgelaufen.

| S | 1406 / 1576 Vorsteuer 19% | H | | S | 3806 / 1776 Umsatzsteuer 19% | H |
|---|---|---|---|---|---|---|
| ∑ | 4.500,00 | | | | ∑ | 4.000,00 |

| 3806 / 1776 Umsatzsteuer 19% | 4.000,00 | |
|---|---|---|
| an 1406 / 1576 Vorsteuer 19% | | 4.000,00 |

| S | 1406 / 1576 Vorsteuer 19% | H | | S | 3806 / 1776 Umsatzsteuer 19% | H |
|---|---|---|---|---|---|---|
| ∑ | 4.500,00 | 4.000,00 | | 4.000,00 | ∑ | 4.000,00 |
| | | Vorsteuerüberh. 500,00 | | | | |
| | 4.500,00 | 4.500,00 | | 4.000,00 | | 4.000,00 |

> Vorsteuer > Umsatzsteuer → **Vorsteuerüberhang**

Die Verrechnung von Umsatzsteuer und Vorsteuer erfolgt auch im Rahmen der Jahresabschlussarbeiten.

> - Ergibt sich bei dieser Verrechnung eine Zahllast, wird diese als Schlussbestand des passiven Bestandskontos Umsatzsteuer ausgewiesen. Dieser Vorgang heißt **Passivierung der Zahllast**.
> - Ergibt sich bei dieser Verrechnung ein Vorsteuerüberhang, wird dieser als Schlussbestand des aktiven Bestandskontos VORSTEUER ausgewiesen. Dieser Vorgang heißt **Aktivierung des Vorsteuerüberhangs**.

Grundsätzlich sind Unternehmer **Soll-Versteuerer**, d. h. der Unternehmer **schuldet**, die **in Rechnung gestellte Umsatzsteuer**, unabhängig davon, ob er das entsprechende Entgelt von seinem Kunden erhalten hat. Er schuldet also die **vereinbarte Umsatzsteuer.** Daher spricht man vom **Vereinbarungsprinzip**.

Auf Antrag kann das Finanzamt unter bestimmten Bedingungen die **Ist-Versteuerung** gewähren. In diesem Fall wird die Umsatzsteuer erst in dem Voranmeldezeitraum fällig, in dem der Kunde die Rechnung bezahlt. (**Vereinnahmungsprinzip**)

Die Verrechnung von Vorsteuer und Umsatzsteuer hat zur Folge, dass der Unternehmer dem Finanzamt tatsächlich nur die Umsatzsteuer auf die im Unternehmen bewirkte Wertschöpfung (Verkaufspreis abzüglich Einkaufspreis) schuldet.

Getragen wird die Umsatzsteuer letztendlich in voller Höhe vom Endverbraucher.

# 14. Privatkonten

Einzelunternehmer (e. K.) und die Vollhafter[1] in Personengesellschaften (KG, OHG) können dem Unternehmen für private Zwecke Mittel entnehmen (Privatentnahmen) oder aus privaten Mittel zuführen (Privateinlagen).

## 14.1. Privateinlagen

Privateinlagen liegen vor, wenn der Unternehmer im Laufe des Geschäftsjahres private Mittel in sein Unternehmen einbringt. Nach §4 Abs. 1 EStG gehören zu den Privateinlagen

- Bareinzahlungen (wenn z. B. der Unternehmer eine Erbschaft über 2.000,00 € auf das betriebliche Bankkonto einzahlt)
- sonstige Wirtschaftsgüter (z. B. der Unternehmer bringt seinen bisher privat genutzten Schreibtisch in das Unternehmen ein)

> **Privateinlagen** führen zu einer **Eigenkapitalmehrung**.

Privateinlagen werden auf dem **Konto** PRIVATEINLAGEN auf der **Haben-Seite**, der rechten Kontoseite gebucht.

Das Konto PRIVATEINLAGEN ist ein **Unterkonto** des passiven Bestandskontos EIGENKAPITAL und wird über sein Hauptkonto (Eigenkapital) abgeschlossen.

### Beispiel – Privateinlage
Der Unternehmer überweist seinen Lottogewinn, 5.000,00 €, auf das (betriebliche) Bankkonto.

| 1800 / 1200 Bank | 5.000,00 | |
|---|---|---|
| an  2180 / 1890 Privateinlagen | | 5.000,00 |

---

[1] Vollhafter haften mit ihrem Gesamtvermögen (d. h. nicht nur mit dem ins Unternehmen eingebrachte Kapital sondern auch mit ihrem gesamten Privatvermögen) für die Schulden des Unternehmens.

## 14.2. Privatentnahmen

Privatentnahmen liegen vor, wenn der Unternehmer im Laufe des Geschäftsjahres seinem Unternehmen Mittel für private Zwecke entnimmt.

Nach §4 Abs. 1 EStG gehören zu den Privatentnahmen

- **Barentnahmen** (z. B. der Unternehmer überweist seine Einkommensteuer in Höhe von 3.000,00 € vom betriebliche Bankkonto
- **Warenentnahmen** ( z. B. der Unternehmer entnimmt seinem Lebensmittelgeschäft 1 Karton Weinflaschen für eine private Feier)
- **Erzeugnisentnahme** ( z. B. der Unternehmer entnimmt seiner Möbelfabrik einen Tisch für sein Esszimmer)
- **Nutzungsentnahme** (z. B. der Unternehmer nutzt den Firmenwagen für private Fahrten
- **Leistungsentnahme** (z. B. der Unternehmer lässt seine Sekretärin die Einladungen für Hochzeitsfeier seiner Tochter schreiben)

Bei Privatentnahmen ist der Unternehmer quasi Kunde seines eigenen Unternehmens und damit Endverbraucher. In der Konsequenz heißt das, dass bei allen Vorgängen bei denen ein Kunde Umsatzsteuer zahlen müsste auch der Unternehmer Umsatzsteuer zahlen muss.

Privatentnahmen (mit Ausnahme der Barentnahmen) sind also grundsätzlich **umsatzsteuerpflichtig**.

> **Privatentnahmen** führen zu einer **Eigenkapitalminderung**.

**Barentnahmen** werden auf dem Konto PRIVATENTNAHMEN auf der **Soll-Seite**, der linken Kontoseite gebucht, die Gegenbuchung erfolgt auf dem **Geldkonto** auf der **Haben-Seite**, der rechten Kontoseite.

**Alle anderen Privatentnahmen** werden auf dem Konto UNENTGELTLICHE WERTABGABEN auf der **Soll-Seite**, der linken Kontoseite gebucht, die **Gegenbuchung** erfolgt auf dem **Ertragskonto**

- ENTNAHME DURCH UNTERNEHMER ZUM ZWECKE AUSSERHALB DES UNTERNEHMENS (WAREN) oder
- VERWENDUNG VON GEGENSTÄNDE FÜR ZWECKE AUSSERHALB DES UNTERNEHMENS oder
- UNENTGELTLICHE ERBRINGUNG EINER SONSTIGEN LEISTUNG,

auf der **Haben-Seite**, der rechten Kontoseite.

Die Konten **Privatentnahmen** und **Unentgeltliche Wertabgaben** sind **Unterkonten** des passiven Bestandskontos **Eigenkapital** und werden über ihr Hauptkonto (Eigenkapital) abgeschlossen.

### 1. Beispiel – Barentnahme
Bente Baut nimmt 100,00 € für private Zwecke aus der Kasse.

| | | |
|---|---|---|
| 2100 / 1800 Privatentnahmen allgemein | 100,00 | |
| an  1600 / 1000 Kasse | | 100,00 |

© Lübecks Schulungen GbR

## 2. Beispiel – Warenentnahme

Bente Baut entnimmt für 200,00 € Waren für private Zwecke.[1]

| 2130 / 1880 Unentgeltliche Wertabgaben | 238,00 | |
|---|---|---|
| an 4620 / 8910 Entnahme d. U. ... (Waren) 19% | | 200,00 |
| 3806 / 1776 Umsatzsteuer 19% | | 38,00 |

[1] Die Entnahme erfolgt zum Teilwert. (Teilwert ist Thema im Baustein Bilanzierung - Finanzbuchhalter VHS)

## 3. Beispiel – Nutzungsentnahme

Bente Baut nutzt den betrieblichen Rasenmäher-Roboter auch für private Zwecke. Der Wert der Nutzung ist mit 200,00 € netto zu bewerten.

| 2130 / 1880 Unentgeltliche Wertabgaben | 238,00 | |
|---|---|---|
| an 4640 / 8920 Verwendung von Gegenständen | | 200,00 |
| 3806 / 1776 Umsatzsteuer 19% | | 38,00 |

## 4. Beispiel – Leistungsentnahme

Der Administrator, Angestellter von Bente Baut, richtet im Privathaus von Bente Baut ein Netzwerk ein. Der Wert der Leistung ist mit 150,00 € netto zu bewerten.

| 2130 / 1880 Unentgeltliche Wertabgaben | 178,50 | |
|---|---|---|
| an 4660 / 8925 Unentgeltl. Erbringung sonst. L. | | 150,00 |
| 3806 / 1776 Umsatzsteuer 19% | | 28,50 |

## 14.3. Private Nutzung eines Firmenwagen

Der Wert der privaten Nutzung kann bei betrieblichen Fahrzeugen nach zwei Methoden ermittelt werden:

| Private Kfz-Nutzung | |
|---|---|
| Fahrtenbuchmethode | 1-% Regelung |
| Voraussetzung: | Voraussetzung: |
| ordnungsgemäß geführtes Fahrtenbuch | keine gesonderte |
| Beschreibung: | Beschreibung: |
| Alle entsprechenden Aufwendungen | monatliche Bemessungsgrundlage: |
| einschließlich der Abschreibung werden addiert | 1% des Bruttolistenpreises* zum Zeitpunkt der |
| und dann im Verhältnis der betrieblich und | Erstzulassung, abgerundet auf volle 100,00 € |
| privat gefahrenen Kilometer aufgeteilt | 20% dieser Summe werden als umsatzsteuerfrei |
| | angesehen |
| | *einschließlich der Sonderausstattung |

## 1. Beispiel – Fahrtenbuch

In diesem Geschäftsjahr hat Bente Baut den Firmen-Lkw auch für private Zwecke genutzt. Die Gesamtfahrleistung des Fahrzeugs beträgt 30.000 km, davon entfallen 500 km auf die private Nutzung.
Folgende Kosten sind für den Lkw aufgelaufen:

| | |
|---|---|
| Kfz-Versicherung | 3.500,00 € |
| Kfz-Steuern | 2.500,00 € |
| Abschreibungen | 10.000,00 € |
| lfd. Kfz-Betriebskosten | 2.000,00 € |
| anteilige Umsatzsteuer | 2.280,00 € |

| Berechnung | | | |
|---|---|---|---|
| Gesamtaufwand, ust.frei: | 3.500,00 € + 2.500,00 € = 6.000,00 € | | |
| Privatnutzung, ust.frei: | 6.000,00 € / 30.000 km X 500 km = 100,00 € | | |
| Gesamtaufwand, ust.pflichtig: | 10.000,00 € + 2.000,00 € = 12.000,00 € | | |
| Privatnutzung: | 12.000,00 € / 30.000 km X 500 km = 200,00 € | | |
| anteilige USt.: | 2.280,00 € / 30.000 km X 500 km = 38,00 € (19% v. 200,00 €) | | |
| Kontenbezeichnung | | Soll | Haben |
| 2130 / 1880 Unentgeltliche Wertabgaben | | 338,00 | |
| an 4639 / 8924 Verw. von Gegenständen... (Kfz) | | | 100,00 |
| an 4645 / 8921 Verw. von Gegenständen... (Kfz) | | | 200,00 |
| 3806 / 1776 Umsatzsteuer | | | 38,00 |

## 2. Beispiel – 1%-Regelung

In diesem Geschäftsjahr hat Bente Baut den Firmen-Pkw auch für private Zwecke genutzt. Die Gesamtfahrleistung des Fahrzeugs beträgt 30.000 km, davon entfallen 5.000 km auf die private Nutzung.
Der Bruttolistenpreis hat zum Zeitpunkt der Erstzulassung 59.595,00 € betragen.

| Berechnung | | | |
|---|---|---|---|
| Bruttolistenpreis (incl. Sonderausstattung): | 59.595,00 € | | |
| abgerundet auf volle 100,00 €: | 59.500,00 € | | |
| davon 1% (Bemessungsgrundlage): | 59.500,00 € / 100 | = | 595,00 € |
| Jahresbemessungsgrundlage: | 595,00 € X 12 | = | 7.140,00 € |
| davon 20%, ust.frei: | 7.140,00 € / 100 X 20 | = | 1.428,00 € |
| davon 80%, ust.pflichtig: | 7.140,00 € / 100 / 80 | = | 5.712,00 € |
| anteilige USt.: | 5.712,00 € / 100 X 19 | = | 1.085,28 € |
| Gesamtwert der Entnahme: | 1.428,00 € + 5.712,00 € + 1.085,28 € | = | 8.225,28 € |
| Kontenbezeichnung | | Soll | Haben |
| 2130 / 1880 Unentgeltliche Wertabgaben | | 8.225,28 | |
| an 4639 / 8924 Verw. von Gegenständen... (Kfz) | | | 1.428,00 |
| an 4645 / 8921 Verw. von Gegenständen... (Kfz) | | | 5.712,00 |
| 3806 / 1776 Umsatzsteuer | | | 1.085,28 |

© Lübecks Schulungen GbR

■ Nachschlagewerk

# 15. Abschreibungen auf Sachanlagen

Sachanlagen (z. B. Gebäude, Maschinen, Kraftfahrzeuge, Betriebs- und Geschäftsausstattung) stehen dem Unternehmen langfristig zur Verfügung. Ihre Nutzungsdauer ist jedoch zeitlich begrenzt, da der Wert der Sachanlagen im Laufe der Zeit sinkt. Diese Wertverluste müssen in der Buchführung berücksichtigt werden.

Mögliche Ursachen für die Wertminderung sind

- im technischen Verschleiß (verursacht durch die Verwendung → Kilometerleistung eines betrieblichen Pkws)
- natürlichen Verschleiß (verursacht durch Umwelteinflüsse → Rost)
- technischen Fortschritt (neues verbessertes Modell auf dem Markt)

> Diese Wertminderungen werden im Einkommensteuergesetz als **Absetzungen für Abnutzung (AfA)** bezeichnet. Das Erfassen der Wertminderung in der Buchhaltung wird als **Abschreibung** bezeichnet.

Die Wertminderungen werden auf der **Sollseite** des Aufwandskontos ABSCHREIBUNGEN AUF ... erfasst, die **Habenbuchung** erfolgt auf entsprechenden **Bestandskonto**.

Da die Abschreibungen einen Aufwand darstellen, mindern sie den steuerpflichtigen Gewinn. Die Finanzverwaltung hat daher AfA-Tabellen herausgegeben, in denen für quasi jedes Wirtschaftsgut die voraussichtliche Nutzungsdauer festgelegt wird. Mit der Anwendung dieser Tabellen wird sichergestellt, dass sich die Abschreibungen in dem von der Finanzverwaltung anerkannten Rahmen bewegen. In begründeten Fällen darf von den vorgegebenen Werten abgewichen werden.

| | | | |
|---|---|---|---|
| **Normgeber:** | Bundesministerium der Finanzen | **Quelle:** | juris |
| **Aktenzeichen:** | S 1551 | | |
| **Fassung vom:** | 01.07.1995 | | |
| **Gültig ab:** | 01.07.1995 | **Normen:** | § 193ff AO , § 7 Abs 1 EStG |

**AfA-Tabelle für den Wirtschaftszweig "Holzverarbeitende Industrie"**

| Lfd. Nr. | Anlagegüter | Nutzungsdauer (ND) i.J. | Linearer AfA-Satz v.H. |
|---|---|---|---|
| 1 | 2 | 3 | 4 |
| 1 | Maschinen zum Teilen | | |
| 1.1 | Zerkleinerungsmaschinen | | |
| 1.1.1 | Hackrotoren | 3 | 33 |
| 1.1.2 | Holzwollemaschinen | 6 | 17 |
| 1.2 | Schneidemaschinen für die Erzeugung von Brettchen und Furnieren | | |
| 1.2.1 | Furniermessermaschinen | 8 | 12 |
| 1.2.2 | Furnierrundschälmaschinen | 8 | 12 |

Auszug aus einer AfA-Tabelle – Quelle www.bundesfinanzministerium.de

## 15.1. Abschreibungsmethoden

### 1. Methode – Lineare Abschreibung

Bei der Linearen Abschreibung wird der Anschaffungswert (Anschaffungskosten oder Herstellkosten) gleichmäßig auf die voraussichtliche Nutzungsdauer verteilt.

Dafür stehen zwei Formeln zur Verfügung:

$$\text{Abschreibungsbetrag} = \frac{\text{Anschaffungswert}}{\text{Nutzungsdauer}}$$

$$\text{Abschreibungsprozentsatz} = \frac{100\,\%}{\text{Nutzungsdauer}}$$

### Beispiel – lineare Abschreibung

Ein Computer mit einem Anschaffungswert von 2.100,00 € hat eine Nutzungsdauer von 3 Jahren.

$$\text{Abschreibungsbetrag} = \frac{2.100,00\ \text{€}}{3\ \text{Jahre}} = 700,00\ \text{€/Jahr}$$

$$\text{Abschreibungsprozentsatz} = \frac{100\,\%}{3\ \text{Jahre}} = 33\,\tfrac{1}{3}\,\%\ \text{pro Jahr}$$

Der Computer wird mit jährlich 700,00 € abgeschrieben.

| | | |
|---|---|---|
| 6220 / 4830 Abschreibungen auf Sachanlagen | 700,00 | |
| an  500 / 0400 BGA | | 700,00 |

**Fazit**: Bei der Anwendung der linearen Abschreibung wird der Aufwand gleichmäßig auf die voraussichtliche Nutzungsdauer verteilt.

### 2. Methode – Degressive Abschreibung

Bei dieser Methode wird der Abschreibungsbetrag in Prozent von jeweiligen (Rest-)Buchwert (= Anschaffungswert abzüglich bereits gebuchter Abschreibungen) des Wirtschaftsgutes ermittelt.

$$\text{Abschreibungsbetrag} = \frac{\text{Buchwert} \times \text{Abschreibungssatz}}{100} = \text{Buchwert} \times \text{Abschreibungsprozentsatz}$$

Für den degressiven Abschreibungsprozentsatz galt bzw. gilt:

| Anschaffung / Herstellung in der Zeit vom | Höchstgrenzen |
|---|---|
| 01.01.2006 bis 31.12.2007 | höchstens das 3fache des linearen AfA-Satzes, maximal jedoch 30 % |
| 01.01.2008 bis 31.12.2008 | keine degressive AfA zulässig |
| 01.01.2009 bis 31.12.2010 | höchstens das 2,5fache des linearen AfA-Satzes, maximal jedoch 25 % |
| 01.01.2011 bis ??? | keine degressive AfA zulässig |

© Lübecks Schulungen GbR

## Beispiel – degressive Abschreibung

Ein Pkw ist am 20.01.2009 für 30.000,00 € angeschafft worden und soll degressiv abgeschrieben werden. Ein Pkw hat laut AfA-Tabelle eine betriebsgewöhnliche Nutzungsdauer von 6 Jahren.

| Abschreibungsprozentsatz = | $\dfrac{100\,\% \times 2{,}5}{6}$ | = 41 ⅔ → 41 ⅔ > 25 → <u>25 %</u> |
|---|---|---|

Abschreibungstabelle

| | | |
|---|---|---|
| Anschaffungswert 20.01.2009 | | 30.000,00 € |
| − Abschreibung 2009 (1. Nutzungsjahr) | − | 7.500,00 € |
| Buchwert am 01.01.2010 | | 22.500,00 € |
| − Abschreibung 2010 (2. Nutzungsjahr) | − | 5.625,00 € |
| Buchwert am 01.01.2011 | | 16.875,00 € |
| − Abschreibung 2011 (3. Nutzungsjahr) | − | 4.218,75 € |
| Buchwert am 01.01.2012 | | 12.656,25 € |
| − Abschreibung 2012 (4. Nutzungsjahr) | − | 3.164,06 € |
| Buchwert am 01.01.2013 | | 9.492,19 € |
| − Abschreibung 2013 (5. Nutzungsjahr) | − | 2.373,05 € |
| Buchwert am 01.01.2014 | | 7.119,14 € |
| − Abschreibung 2014 (6. Nutzungsjahr) | − | 1.779,79 € |
| Buchwert am Ende des 6. Nutzungsjahres | | 5.339,35 € |

**Fazit**: Bei der degressiven AfA werden in den ersten Jahren hohe Abschreibungsbeträge erreicht, am Ende wird jedoch nicht der Nullwert bzw. der Erinnerungswert (1,00 €) erreicht. Daher wird in der Praxis meist von der degressiven in die lineare AfA gewechselt.

Die **lineare AfA** wird bei diesem **Wechsel** berechnet:

**Restbuchwert / Restnutzungsdauer = AfA-Betrag**

Ein Wechsel von der linearen zur degressiven Abschreibungsmethode ist <u>nicht</u> zulässig.

## 3. Methode – Leistungsabschreibung

Bei der Leistungsabschreibung wird der Anschaffungswert nicht auf die Nutzungsdauer verteilt, sondern auf die erwartete Gesamtleistung (Kilometer, Stückzahlen, Maschinenstunden)

Steuerlich ist die Leistungsabschreibung **nur zulässig**, wenn

- sie wirtschaftlich begründet ist
→ durch jährlich stark schwankend Nutzung

- die tatsächliche Leistung pro Jahr nachweisbar ist
→ Kilometerzähler, Zählwerk für produzierte Einheiten

$$\text{Abschreibungsbetrag} = \frac{\text{Anschaffungswert} \times \text{Ist-Leistung (im abgelaufenen Jahr)}}{\text{Soll-Gesamtleistung}}$$

In begründeten Fällen ist der Wechsel zur linearen Abschreibung möglich.

### Beispiel – Leistungsabschreibung

Ein Lkw, der nach Leistung abgeschrieben werden soll, hat einen Anschaffungswert von 80.000,00 €. Die erwartete Gesamtleistung liegt bei 400.000 km.

Laut Fahrtenbuch beträgt die Fahrleistung im 1. Nutzungsjahr 90.000 km.

$$\text{Abschreibungsbetrag} = \frac{80.000\ \text{€} \times 90.000\ \text{km}}{400.000\ \text{km}} = 18.000{,}00\ \text{€}$$

Im 2. Nutzungsjahr wurden 120.000 km gefahren.

$$\text{Abschreibungsbetrag} = \frac{80.000\ \text{€} \times 120.000\ \text{km}}{400.000\ \text{km}} = 24.000{,}00\ \text{€}$$

Im 3. Nutzungsjahr wurden 60.000 km gefahren.

$$\text{Abschreibungsbetrag} = \frac{80.000\ \text{€} \times 60.000\ \text{km}}{400.000\ \text{km}} = 12.000{,}00\ \text{€}$$

Im 4. Nutzungsjahr wurden 150.000 km gefahren.

$$\text{Abschreibungsbetrag} = \frac{80.000\ \text{€} \times 130.000\ \text{km}}{400.000\ \text{km}} = 26.000{,}00\ \text{€}$$

## 15.2. Zeitanteilige Abschreibung

Anlagegüter die im Laufe des Geschäftsjahres angeschafft oder veräußert worden sind, müssen grundsätzlich zeitanteilig abgeschrieben werden. In der Regel wird dabei nach Nutzungsmonaten abgeschrieben.

### Zugang von Anlagevermögen

Bei einem Kauf / Zugang von Anlagevermögen wird der Monat, in dem die Anschaffung erfolgt ist, mitberücksichtigt.

### Beispiel – Zugang AV

Ein Lkw wird am 21.04. angeschafft.

| Abschreibungszeitraum: | April bis Dezember | = 9 Monate |

### Abgang von Anlagevermögen

Bei einem Verkauf / Abgang von Anlagevermögen wird der Monat, in dem die Veräußerung / Entnahme erfolgt ist, <u>nicht</u> berücksichtigt.

### Beispiel – Abgang AV

Ein Lkw wird am 28.11. verkauft.

| Abschreibungszeitraum: | Januar bis Oktober | = 10 Monate |

## 15.3. Geringwertige Wirtschaftsgüter (GWG)

Geringwertige Wirtschaftsgüter sind Güter des Anlagevermögens, die

- beweglich,
- abnutzbar,
- selbständig nutzbar sind, und
- deren Anschaffungs- bzw. Herstellungskosten nicht über 1.000,00 € netto liegen.

Die Grenze in Höhe von 1.000,00 € netto gilt auch für Kleinunternehmer.

Grundsätzlich sind Geringwertige Wirtschaftsgüter nach den allgemeinen Regeln abzuschreiben. Es stehen aber auch verschiedene Wahlrechte zur Verfügung. Die folgenden Regeln gelten seit dem 01.01.2018.

Abschreibungen auf Sachanlagen ■

## Sofortaufwand bei GWG bis 250,00 €

Geringwertige Wirtschaftsgüter mit Anschaffungs-/Herstellungskosten bis einschließlich 250,00 € können direkt als Aufwand geltend gemacht werden.

Die Buchung erfolgt auf einem sachlich passenden **Aufwandskonto** wie z. B. BÜROBEDARF oder WERKZEUGE UND KLEINGERÄTE.

Anmerkung: Diese Anlagegüter können auch als GWG erfasst und abgeschrieben werden. (s. Sofortabschreibung bei GWG ...)

### Beispiel GWG – Sofortaufwand
Bente Baut kauft am 24. 12. eine Schreibtischlampe für 200,00 € + 38,00 € USt. und zahlt bar.

| | | |
|---|---|---|
| 6815 / 4930 Bürobedarf | 200,00 | |
| 1406 / 1576 Vorsteuer | 38,00 | |
| an  1600 / 1000 Kasse | | 238,00 |

## Sofortabschreibung bei GWG von 250,01 € bis 800,00 €

Geringwertige Wirtschaftsgüter mit Anschaffungs-/Herstellungskosten zwischen 250,01 € und 800,00 € können Sie auf einem speziellen Bestandskonto aktivieren (bzw. in einem speziellen Verzeichnis aufführen) und am Ende des Geschäftsjahres in voller Höhe abschreiben.

Die Entscheidung, ob Sie ein entsprechendes Anlagegut im Jahr der Anschaffung vollabschreiben oder über die Nutzungsdauer verteilt abschreiben, fällen Sie für jedes dieser Anlagegüter einzeln.

Die **Aktivierung** erfolgt auf dem **aktiven Bestandskonto** 0670 / 0480 GERINGWERTIGE WIRTSCHAFTSGÜTER.

Die **Abschreibung** erfolgt über das **Aufwandskonto** 6260 / 4860 SOFORTABSCHREIBUNGEN GERINGWERTIGE WIRTSCHAFTSGÜTER.

### 1. Beispiel GWG – Aktivierung als GWG
Bente Baut kauft am 28.03. eine Schreibtischlampe für 600,00 € + 114,00 € USt und zahlt bar.

| | | |
|---|---|---|
| 0670 / 0480 Geringwertige Wirtschaftsgüter | 600,00 | |
| 1406 / 1576 Vorsteuer | 114,00 | |
| an  1600 / 1000 Kasse | | 714,00 |

### 2. Beispiel GWG – Abschreibung in einer Summe zum 31.12.
Das Konto GERINGWERTIGE WIRTSCHAFTSGÜTER weist am Jahresende einen Bestand von 4.350,00 € aus. Die auf Konto aktivierten GWGs sollen in voller Höhe abgeschrieben werden.

| | | |
|---|---|---|
| 6260 / 4860 Sofortabschreibungen GWG | 4.350,00 | |
| an  0670 / 0480 Geringwertige Wirtschaftsgüter | | 4.350,00 |

**Achtung**: Wenn Sie in einem Geschäftsjahr die Sofortabschreibung bei GWGs nutzen, müssen GWG mit Anschaffungs- bzw. Herstellungskosten von 800,01 € bis 1.000,00 € über ihre jeweilige betriebsgewöhnliche Nutzungsdauer verteilt abgeschrieben werden.

## Sammelposten für GWG von 250,01 € bis 1.000,00 €

Geringwertige Wirtschaftsgüter mit Anschaffungs-/Herstellungskosten zwischen 250,01 € und 1.000,00 € können in einen Sammelposten (Pool) eingestellt werden. Scheidet ein Wirtschaftsgut aus dem Pool aus, wird der Sammelposten nicht vermindert.

Der Sammelposten ist im Jahr der Bildung und in den folgenden 4 Geschäftsjahres mit fünf gleichen Beträgen abzuschreiben.

Die Entscheidung, ob Sie ein Sammelposten eingerichtet wird, ist für ein Wirtschaftsjahr bindend.

Die **Aktivierung** erfolgt auf dem **aktiven Bestandskonto** 0675 / 0485 WIRTSCHAFTSGÜTER (SAMMELPOSTEN).

Die **Abschreibung** erfolgt über das **Aufwandskonto** 6264 / 4862 ABSCHREIBUNGEN AUF DEN SAMMELPOSTEN WIRTSCHAFTSGÜTER.

### 1. Beispiel GWG – Bildung Sammelposten

Ein Unternehmer kauft am 28.05. eine Schreibtischlampe für 400,00 € + 76,00 € USt. und einen Schreibtisch für 1.000,00 € + 190,00 € USt. Er zahlt bar.

| | | |
|---|---|---|
| 0675 / 0485  Wirtschaftsgüter (Sammelposten) | 400,00 | |
| 0675 / 0485  Wirtschaftsgüter (Sammelposten) | 1.000,00 | |
| 1406 / 1576 Vorsteuer | 266,00 | |
| an  1600 / 1000 Kasse | | 1.666,00 |

### 2. Beispiel GWG – Abschreibung des Sammelpostens zum 31.12.

Der im vorhergehenden Beispiel gebildete Sammelposten soll abgeschrieben werden. Es sind keine weiteren Positionen in diesem Sammelposten enthalten.

| | | |
|---|---|---|
| 6264 / 4862  Abschreibungen auf den Sammelposten Wirtschaftsgüter | 280,00 | |
| an 0675 / 0485 Wirtschaftsgüter (Sammelposten) | | 280,00 |

**Achtung**:
Wenn Sie in einem Geschäftsjahr Sammelposten für GWGs bilden, dürfen Sie für die GWG mit Anschaffungs- bzw. Herstellungskosten von 250,01 € bis 800,00 € nicht die Sofortabschreibung nutzen.

## Übersicht Abschreibung der GWG

# 16. Bücher der Buchführung

Jede Buchung wird in mindestens zwei Büchern festgehalten. Der Begriff „Buch" stammt aus der Zeit, in der die Buchführung noch handschriftlich in gebundenen Büchern erfolgte. Die beiden wichtigsten Bücher sind das Journal (Grundbuch) und das Hauptbuch mit den Sachkonten (Bestands- und Erfolgskonten). Sie werden getrennt voneinander geführt.

## 16.1. Journal (Grundbuch)

Im Journal werden alle Geschäftsfälle chronologisch (zeitlich) mit laufender Nummer, Datum, Betrag, Verweis auf den Beleg, Erläuterung und Kontierung (Sollkonto, Habenkonto) erfasst. Es ist Grundlage für die Übertragung der Buchungen aus dem Grundbuch in das Hauptbuch.

In der Praxis ist es üblich die Geschäftsfälle erst sachlich nach Belegkreisen zu ordnen und dann innerhalb der Belegkreise chronologisch zu erfassen. In der Praxis werden u. a. folgende Belegkreise gebildet:

- Kasse
- Eingangsrechnungen
- Ausgangsrechnungen
- Bank

## 16.2. Kontoblätter (Hauptbuch)

Als Hauptbuch wird die Gesamtheit der Sachkonten[1] bezeichnet. In den Kontenblättern werden alle Buchungen des Grundbuchs auf den in den Buchungssätzen genannten Konten eingetragen.

Für das Buchen selbst gilt die Grundregel: Zuerst Eintragung im Grundbuch (Journal), im Folgenden Buchung auf den Konten (im Hauptbuch).

## 16.3. Bilanzbuch

Zum Bilanzbuch gehören die Inventare, Bilanzen und die Gewinn- und Verlustrechnungen.

## 16.4. Nebenbücher

Es gibt diverse Nebenbücher, die bestimmte Hauptbuchkonten erläutern. Dazu gehören unter anderem

- das Anlagebuch, das die Angaben und Werte der Gegenstände des Anlagevermögens enthält
- das Kontokorrentbuch mit den Verbindlichkeiten bei Kreditoren (Lieferanten) und den Forderungen an Debitoren (Kunden)
- das Lagerbuch, in dem die Zu- und Abgänge des Warenlagers aufgelistet sind
- das Lohn- und Gehaltsbuch das die Abrechnungen der Arbeitsentgelte enthält
- das Kassenbuch
- das Rechnungsausgangsbuch

---

[1] alle Bestands- und Erfolgskonten einschließlich der Unterkonten

# 17. Wiederholungsaufgaben

Dieses Kapitel bietet Raum für gezielte Wiederholungen und Lernkontrollen – Siehe **Übungsaufgaben**.

Nachschlagewerk

# 18. Beschaffung und Absatz

Eingekaufte Waren und Roh-, Hilfs- und Betriebsstoffe sind laut Steuer- und Handelsrecht mit ihren Anschaffungskosten zu aktivieren[1]. Die Anschaffungskosten errechnen sich wie folgt:

```
        Einkaufspreis
+       Anschaffungsnebenkosten (z. B. Versandkosten)
-       (nachträgliche) Preisminderungen (z. B. Skonto)
=       Anschaffungskosten
```

Seit Einführung der E-Bilanz Taxonomie[2] müssen Sie beim Buchen grundsätzlich die Anschaffungskosten der Waren von den Anschaffungskosten der Roh-, Hilfs- und Betriebsstoffe trennen. Diese Trennung gilt bisher auch <u>nicht</u> für die Bezugsnebenkosten.

Beim Verkauf ist keine Unterscheidung zwischen dem Verkauf eigener Erzeugnisse und dem Verkauf von Waren erforderlich.

## 18.1. Bezugskosten

Beim Wareneinkauf und beim Einkauf von Roh-, Hilfs- und Betriebsstoffen können Bezugskosten entstehen.

Bezugskosten erhöhen die Anschaffungskosten. Sie werden unterschieden nach Gewichts- und Wertspesen.

**Gewichtsspesen**    Verteilung nach den Bruttogewichten

- Fracht
- Rollgeld
- Umschlagskosten (Be- u. Entladen, Kranstunden)
- Zwischenlagerkosten (beim Transport)
- Entgelte der Post und privaten Zustelldienste
- Verpackungen

**Wertspesen**    Verteilung nach den Zieleinkaufspreisen

- Transportversicherungsprämien
- Zoll
- Einkaufsprovisionen
- Maklergebühr

---

[1] Aktivieren heißt, die (Schluss-)Bestände sind auf der Aktivseite der Bilanz auszuweisen.
[2] Grundlage für die elektronische Übermittlung der Jahresabschlüsse an die Finanzbehörden.

## Buchung der Bezugskosten

Die Buchung erfolgt über das **Aufwandkonto** → BEZUGSNEBENKOSTEN (5800 / 3800).
Für das Pfandgeld auf Transportverpackungen (Leergut), steht das **Aufwandskonto** LEERGUT (5820 / 3830) zur Verfügung.

Zölle und Steuern, die im Zusammenhang mit dem Einkauf von Waren oder RHB anfallen, buchen Sie auf dem **Aufwandkonto** ZÖLLE UND EINFUHRABGABEN (5840 / 3850).

> Für die Buchung der Bezugsnebenkosten ist es grundsätzlich unerheblich, ob diese für den Kauf von Waren oder RHB anfallen, da die E-Bilanz Taxonomie keine entsprechende Aufteilung verlangt.

Wie alle Erfolgskonten werden auch die Konten für die Bezugsnebenkosten über die GuV abgeschlossen.

### 1. G  BEISPIEL - Bezugskosten für Waren

a. Folgende Eingangsrechnung ist zu buchen:

| | | |
|---|---|---|
| | 10 Stühle | 10.000,00 € |
| + | Fracht | 200,00 € |
| + | Leihverpackung | 100,00 € |
| + | 19% USt. | 1.957,00 € |
| | Rechnungsbetrag | 12.257,00 € |

Buchung bei Rechnungseingang

| | | |
|---|---|---|
| 5400 / 3400 Wareneingang 19% VSt. | 10.000,00 | |
| 5800 / 3800 Bezugsnebenkosten | 200,00 | |
| 5820 / 3830 Leergut | 100,00 | |
| 1406 / 1576 Vorsteuer 19% | 1.957,00 | |
| an  3310 / 1610 Verbindlichkeiten | | 12.257,00 |

b. Die in Rechnung gestellte Leihverpackung wird an den Lieferanten zurückgesandt. Die in Rechnung gestellten Kosten werden gutgeschrieben.

Buchung der Verpackungsrückgabe

| | | |
|---|---|---|
| 3310 / 1610 Verbindlichkeiten LL | 119,00 | |
| an  5820 / 3830 Leergut | | 100,00 |
| 1406 / 1576 Vorsteuer 19% | | 19,00 |

c. Die Versicherungsgesellschaft bucht für die Transportversicherung 80,00 € vom Bankkonto ab.

Buchung der Versicherungsprämie

| | | |
|---|---|---|
| 5800 / 3800 Bezugsnebenkosten | 80,00 | |
| an  1800 / 1200 Bank | | 80,00 |

© Lübecks Schulungen GbR

## 2. | BEISPIEL – Bezugskosten für Roh-, Hilfs- und Betriebsstoffe

a. Folgende Eingangsrechnung ist zu verbuchen:

| | |
|---|---|
| 100 m² Holz | 10.000,00 € |
| + Fracht | 120,00 € |
| + Leihverpackung | 180,00 € |
| + 19% USt. | 1.957,00 € |
| Rechnungsbetrag | 12.257,00 € |

Buchung bei Rechnungseingang

| | | |
|---|---|---|
| 5130 / 3030 Einkauf RHB 19% VSt. | 10.000,00 | |
| 5800 / 3800 Bezugsnebenkosten | 120,00 | |
| 5820 / 3830 Leergut | 180,00 | |
| 1406 / 1576 Vorsteuer 19% | 1.957,00 | |
| an 3310 / 1610 Verbindlichkeiten | | 12.257,00 |

b. Die in Rechnung gestellte Leihverpackung wird zurückgesandt. Die in Rechnung gestellten Kosten werden gutgeschrieben.

Buchung der Gutschrift

| | | |
|---|---|---|
| 3310 / 1610 Verbindlichkeiten LL | 214,20 | |
| an 5820 / 3830 Leergut | | 180,00 |
| 1406 / 1576 Vorsteuer 19% | | 34,20 |

c. Die Versicherungsgesellschaft bucht für die Transportversicherung 100,00 € vom Bankkonto ab.

Buchung der Versicherungsprämie

| | | |
|---|---|---|
| 5800 / 3800 Bezugsnebenkosten | 100,00 | |
| an 1800 / 1200 Bank | | 100,00 |

## 18.2. Vertriebskosten

Beim **Warenverkauf** darunter fällt auch der Verkauf der eigenen Erzeugnisse entstehen **Vertriebskosten,** die auch als Kosten der Warenabgabe bezeichnet werden. Sie werden auf den **Aufwandskonten** gebucht → Kontengruppe KOSTEN DER WARENABGABE

Namentlich sind es die gleichen Kosten wie bei den Bezugskosten, z. B. Fracht oder Verpackung.

> Entscheidend für die Einordnung als **Vertriebskosten** ist, dass sie im **Zusammenhang** mit dem **Verkauf** von Waren entstehen.

### 1. BEISPIEL – Vertriebskosten

a. Bente Baut verkauft an einen Kunden Waren für 11.900,00 € brutto. Die Lieferung erfolgt „frei Haus".

Buchung des Warenkaufs

| | | |
|---|---|---|
| 1210 / 1410 Forderungen LL | 11.900,00 | |
| an  4400 / 8400 Erlöse 19% USt. | | 10.000,00 |
| 3806 / 1776 Umsatzsteuer 19% | | 1.900,00 |

b. Bente Baut zahlt für Rollgeld[1] und Bahnfracht 238,00 € incl. 19% USt. bar.

Buchung der Frachtkosten

| | | |
|---|---|---|
| 6740 / 4730 Ausgangsfrachten | 200,00 | |
| 1406 / 1576 Vorsteuer 19% | 38,00 | |
| an  1600 / 1000 Kasse | | 238,00 |

c. Es mussten Kunststoffbehälter für 400,00 € +19% USt. zum Verpacken der Waren angeschafft werden. Die Behälter sind bar bezahlt worden.

Buchung der Verpackungskosten

| | | |
|---|---|---|
| 6710 / 4710 Verpackungsmaterial | 400,00 | |
| 1406 / 1576 Vorsteuer 19% | 76,00 | |
| an  1600 / 1000 Kasse | | 476,00 |

d. Außerdem überweist Bente Baut 100,00 € Vertriebsprovision + 19% USt. vom Bankkonto an den Vermittler des Warenverkaufs.

Buchung der Verkaufsprovision

| | | |
|---|---|---|
| 6770 / 4760 Verkaufsprovision | 100,00 | |
| 1406 / 1576 Vorsteuer 19% | 19,00 | |
| an  1800 / 1200 Bank | | 119,00 |

[1] Rollgeld sind z. B. die Beförderungskosten vom Lieferanten zum Bahnhof oder zum Verschiffungshafen.

**Vertriebskosten, die der Kunde übernehmen/bezahlen soll**, erhöhen den Rechnungsbetrag, sie sind Verkaufserlöse und werden auf dem **Ertragskonto** ERLÖSE (ERLÖSE 19% USt. → 4400 / 8400 bzw. ERLÖSE 7% USt.) gebucht.

Werden dem Kunden Leihverpackungen in Rechnung gestellt, wird das **Ertragskonto** ERLÖSE LEERGUT (4520 / 8540) genutzt.

> ERLÖSE LEERGUT wird wie alle Ertragskonten über die GuV abgeschlossen.

### 2. BEISPIEL – Auf Kunden abgewälzte Vertriebskosten

a. Bente Baut verkauft an einen Kunden Waren für 11.900,00 € brutto auf Ziel. Für die Lieferung und Leihverpackung berechnet er zusätzlich jeweils 119,00 € brutto.

Buchung des Warenverkaufs

| | | |
|---|---|---|
| 1210 / 1410 Forderungen LL | 12.138,00 | |
| an  4400 / 8400 Erlöse 19% USt. | | 10.100,00 |
| an  4520 / 8540 Erlöse Leergut | | 100,00 |
| 3806 / 1776 Umsatzsteuer 19% | | 1.938,00 |

b. Bei Rücksendung der Verpackung erstattet Bente Baut 100,00 € zuzüglich 19% USt.

Buchung bei Rückgabe der Verpackung

| | | |
|---|---|---|
| 4520 / 8540 Erlöse Leergut | 100,00 | |
| 3806 / 1776 Umsatzsteuer 19% | 19,00 | |
| an  1210 / 1410 Forderungen LL | | 119,00 |

## 18.3. Rücksendungen und Preisnachlässe

Rücksendungen von Waren aufgrund von Falschlieferungen oder Mängeln sind auf der Beschaffungsseite und auf der Absatzseite möglich.

Rücksendungen von RHB gibt es naturgemäß nur auf der Beschaffungsseite.

> **Rücksendungen** führen zu einem **Storno / Teilstorno** der ursprünglichen Buchung.

Auf der **Beschaffungsseite** werden Preisnachlässe aufgrund von Mängelrügen (Minderungen) auf entsprechenden **Unterkonten** zu WARENEINGANG… bzw. EINKAUF RHB… gebucht → NACHLÄSSE….

### 1. G  BEISPIEL – Nachlässe und Rücksendungen, Beschaffungsseite (Waren)

a. Bente Baut erhält von einem Lieferanten folgende Rechnung:

|   |   |   |
|---|---|---|
|   | Waren | 14.500,00 € |
| + | Leihverpackung | 200,00 € |
| + | 19% USt. | 2.793,00 € |
|   | Rechnungssumme | 17.493,00 € |

Buchung der Eingangsrechnung

| | | |
|---|---|---|
| 5400 / 3400 Wareneingang 19% VSt. | 14.500,00 | |
| 5820 / 3830 Leergut | 200,00 | |
| 1406 / 1576 Vorsteuer | 2.793,00 | |
| an  3310 / 1610 Verbindlichkeiten LL | | 17.493,00 |

b. Er schickt Waren für 2.000,00 € netto und die Verpackung, deren Wert in voller Höhe erstattet wird, an den Lieferanten zurück.

Buchung der Waren- und Verpackungsrücksendung

| | | |
|---|---|---|
| 3310 / 1610 Verbindlichkeiten LL | 2.618,00 | |
| an  5400 / 3400 Wareneingang 19% VSt. | | 2.000,00 |
| 5820 / 3830 Leergut | | 200,00 |
| 1406 / 1576 Vorsteuer 19% | | 418,00 |

c. Auf die restliche Ware erhält er einen Preisnachlass von 20 %.

Buchung des Preisnachlasses

| | | |
|---|---|---|
| 3310 / 1610 Verbindlichkeiten LL | 2.975,00 | |
| an  5720 / 3720 Nachlässe 19% VSt. | | 2.500,00 |
| 1406 / 1576 Vorsteuer 19% | | 475,00 |

■ Nachschlagewerk

## 2. | BEISPIEL – Nachlässe und Rücksendungen, Beschaffungsseite (RHB)

a. Bente Baut erhält von einem Lieferanten folgende Rechnung:

|  |  |
|---|---|
| Rohstoffe | 14.500,00 € |
| + Leihverpackung | 200,00 € |
| + 19% USt. | 2.793,00 € |
| Rechnungssumme | 17.493,00 € |

Buchung der Eingangsrechnung

| | | |
|---|---:|---:|
| 5130 / 3030 Einkauf RHB 19% VSt. | 14.500,00 | |
| 5820 / 3830 Leergut | 200,00 | |
| 1406 / 1576 Vorsteuer | 2.793,00 | |
| an 3310 / 1610 Verbindlichkeiten LL | | 17.493,00 |

b. Er schickt Rohstoffe für 2.000,00 € netto und die Verpackung, deren Wert in voller Höhe erstattet wird, an den Lieferanten zurück.

Buchung der Waren- und Verpackungsrücksendung

| | | |
|---|---:|---:|
| 3310 / 1610 Verbindlichkeiten LL | 2.618,00 | |
| an 5130 / 3030 Einkauf RHB 19% VSt. | | 2.000,00 |
| 5820 / 3830 Leergut | | 200,00 |
| 1406 / 1576 Vorsteuer 19% | | 418,00 |

c. Auf die restliche Ware erhält er einen Preisnachlass von 20 %.

Buchung des Preisnachlasses

| | | |
|---|---:|---:|
| 3310 / 1610 Verbindlichkeiten LL | 2.975,00 | |
| an 5715 / 3715 Nachlässe aus Einkauf RHB 19% | | 2.500,00 |
| 1406 / 1576 Vorsteuer 19% | | 475,00 |

Beschaffung und Absatz

Auf der **Absatzseite** werden Preisnachlässe aufgrund von Mängelrügen (Minderungen) auf entsprechenden **Unterkonten** der **Ertragskonten** gebucht → ERLÖSSCHMÄLERUNGEN...

### 3. BEISPIEL – Nachlässe und Rücksendungen, Absatzseite

a. Bente Baut verkauft Waren für 14.500,00 € zuzüglich 19% USt. auf Ziel.

Buchung der Ausgangsrechnung

| | | |
|---|---|---|
| 1210 / 1410 Forderungen LL | 17.255,00 | |
| an  4400 / 8400 Erlöse 19% USt. | | 14.500,00 |
| 3806 / 1776 Umsatzsteuer 19% | | 2.755,00 |

b. Der Kunde schickt Waren für 2.000,00 € netto zurück.

Buchung der Warenrücksendung

| | | |
|---|---|---|
| 4400 / 8400 Erlöse 19% USt. | 2.000,00 | |
| 3806 / 1776 Umsatzsteuer 19% | 380,00 | |
| an  1210 / 1410 Forderungen LL | | 2.380,00 |

c. Auf die restliche Ware erhält er einen Preisnachlass von 20 %.

Buchung des Preisnachlasses

| | | |
|---|---|---|
| 4720 / 8720 Erlösschmälerungen 19% USt. | 2.500,00 | |
| 3806 / 1776 Umsatzsteuer 19% | 475,00 | |
| an  1210 / 1410 Forderungen LL | | 2.975,00 |

## 18.4. Rabatte

Rabatte sind Preisnachlässe, die meist schon bei Vertragsverhandlungen vereinbart werden. Sie mindern die Anschaffungskosten.

> Sofortrabatte, die schon in der Eingangsrechnung bzw. Ausgangsrechnung berücksichtigt sind, werden im Regelfall nicht gesondert gebucht.

### 1. G  BEISPIEL – Sofortrabatt beim Wareneinkauf

Folgende Eingangsrechnung ist zu verbuchen:

|   | Waren | 10.000,00 € |
|---|---|---|
| - | 10 % Rabatt | 1.000,00 € |
| + | 19% USt. | 1.710,00 € |
|   | Rechnungsbetrag | 10.710,00 € |

Buchung der Rechnung

| | | |
|---|---|---|
| 5400 / 3400 Wareneingang 19% VSt. | 9.000,00 | |
| 1406 / 1576 Vorsteuer 19% | 1.710,00 | |
| an  3310 / 1610 Verbindlichkeiten LL | | 10.710,00 |

### 2. I  BEISPIEL – Sofortrabatt beim Einkauf RHB

Folgende Eingangsrechnung ist zu verbuchen:

|   | Hilfsstoffe | 1.000,00 € |
|---|---|---|
| - | 10 % Rabatt | 100,00 € |
| + | 19% USt. | 171,00 € |
|   | Rechnungsbetrag | 1.071,00 € |

Buchung der Rechnung

| | | |
|---|---|---|
| 5130 / 3030 Einkauf RHB 19% VSt. | 900,00 | |
| 1406 / 1576 Vorsteuer 19% | 171,00 | |
| an  3310 / 1610 Verbindlichkeiten LL | | 1.071,00 |

## 18.5. Skonti

Ein Skonto ist ein nachträglicher Preisnachlass, der eine schnelle Bezahlung bewirken soll. Wie bei jedem Preisnachlass ändern sich auch durch die Inanspruchnahme des Skontos die Anschaffungskosten und somit auch die Bemessungsgrundlage der Umsatzsteuerberechnung.

### Erhaltene Skonti

> Auf der **Beschaffungsseite** bewirkt **Skonto** eine **nachträgliche Minderung** der **Anschaffungskosten**. Wird beim Ausgleich einer Eingangsrechnung Skonto gezogen, spricht man von **erhaltenen Skonti**.

Erhaltene Skonti bei Wareneinkäufen werden auf **Unterkonten** zu WARENEINGANG… bzw. EINKAUF RHB gebucht → ERHALTENE SKONTI….

**1. G BEISPIEL – Skonti, Beschaffungsseite (Waren)**

a. Folgende Eingangsrechnung ist zu verbuchen:

| | |
|---|---|
| Waren | 1.000,00 € |
| + 19% USt. | 190,00 € |
| Rechnungsbetrag | 1.190,00 € |

Buchung der Rechnung

| | | |
|---|---|---|
| 5400 / 3400 Wareneingang 19% VSt. | 1.000,00 | |
| 1406 / 1576 Vorsteuer 19% | 190,00 | |
| an 3310 / 1610 Verbindlichkeiten LL | | 1.190,00 |

b. Der Rechnungsbetrag wird unter Abzug von 2 % Skonto vom Bankkonto überwiesen.

Buchung des Zahlungsausgangs

| | | |
|---|---|---|
| 3310 / 1610 Verbindlichkeiten LL | 1.190,00 | |
| an 1800 / 1200 Bank | | 1.166,20 |
| 5736 / 3736 Erhaltene Skonti 19% VSt. | | 20,00 |
| 1406 / 1576 Vorsteuer 19% | | 3,80 |

**2. I BEISPIEL – Skonti, Beschaffungsseite (RHB)**

a. Folgende Eingangsrechnung ist zu verbuchen:

| | |
|---|---|
| Rohstoffe | 1.000,00 € |
| + 19% USt. | 190,00 € |
| Rechnungsbetrag | 1.190,00 € |

Buchung der Rechnung

| | | |
|---|---|---|
| 5130 / 3030 Einkauf RHB 19% VSt. | 1.000,00 | |
| 1406 / 1576 Vorsteuer 19% | 190,00 | |
| an 3310 / 1610 Verbindlichkeiten LL | | 1.190,00 |

■ Nachschlagewerk

b. Der Rechnungsbetrag wird unter Abzug von 2 % Skonto vom Bankkonto überwiesen.

Buchung des Zahlungsausgangs

| 3310 / 1610 Verbindlichkeiten LL | 1.190,00 | |
|---|---|---|
| an 1800 / 1200 Bank | | 1.166,20 |
| 5738 / 3738 Erhaltene Skonti Einkauf RHB | | 20,00 |
| 1406 / 1576 Vorsteuer 19% | | 3,80 |

## Gewährte Skonti

Auf der Absatzseite bewirkt **Skonto** eine **nachträgliche Minderung** der **Erlöse**. Wird vom Kunden beim Ausgleich einer Ausgangsrechnung ein Skontoabzug vorgenommen, spricht man von **gewährten Skonti**.

Gewährte Skonti werden auf **Unterkonten** der **Ertragskonten** gebucht → Gewährte SKONTI....

### BEISPIEL Skonti, Absatzseite

a. Folgende Ausgangsrechnung ist zu verbuchen:

|   | Waren | 4.950,00 € |
|---|---|---|
| + | Versand | 50,00 € |
| + | 19% USt. | 950,00 € |
|   | Rechnungsbetrag | 5.950,00 € |

Buchung der Rechnung

| 1210 / 1410 Forderungen LL | 5.950,00 | |
|---|---|---|
| an 4400 / 8400 Erlöse 19% USt. | | 5.000,00 |
| 3806 / 1776 Umsatzsteuer 19% | | 950,00 |

b. Der Rechnungsbetrag wurde unter Abzug von 2 % Skonto auf das Bankkonto überwiesen.

Buchung des Zahlungseingangs

| 1800 / 1200 Bank | 5.831,00 | |
|---|---|---|
| 4736 / 8736 Gewährte Skonti 19% USt. | 100,00 | |
| 3806 / 1776 Umsatzsteuer 19% | 19,00 | |
| an 1210 / 1410 Forderungen LL | | 5.950,00 |

## 18.6. Boni

Ein Bonus ist eine Vergütung, die für das Überschreiten von festgelegten Umsatzhöhen gewährt wird.

### Erhaltene Boni

> Auf der **Beschaffungsseite** führt der **Bonus** zu einer **nachträglichen Minderung** der **Anschaffungskosten**. Erhält ein Unternehmen von seinem Lieferanten einen Bonus, spricht man von **Erhaltene Boni**.

Diese werden auf **Unterkonten** zu **Wareneingang…** bzw. **Einkauf RHB…** gebucht → ERHALTENE Boni….

#### 1. G BEISPIEL – Erhaltene Boni
Ein Warenlieferant überweist 500,00 € Boni + 95,00 € Umsatzsteuer auf das Bankkonto.

| | | |
|---|---|---|
| 1800 / 1200 Bank | 595,00 | |
| an 5760 / 3760 Erhaltenen Boni 19% VSt. | | 500,00 |
| 1406 / 1576 Vorsteuer 19% | | 95,00 |

#### 2. I BEISPIEL – Erhaltene Boni
Ein Rohstofflieferant überweist 100,00 € Boni + 19,00 € Umsatzsteuer auf das Bankkonto.

| | | |
|---|---|---|
| 1800 / 1200 Bank | 119,00 | |
| an 5755 / 3755 Erhaltenen Boni aus Einkauf RHB | | 100,00 |
| 1406 / 1576 Vorsteuer 19% | | 19,00 |

### Gewährte Boni

> Auf der **Absatzseite** führt die Gewährung von Boni zu einer Erlösschmälerung.

Gewährte Boni werden auf **Unterkonten** der **Ertragskonten** gebucht → Gewährte Boni….

#### BEISPIEL – Gewährte Boni
Bente Baut überweist vom Bankkonto an einen Kunden 200,00 € Boni + 38,00 € Umsatzsteuer.

| | | |
|---|---|---|
| 4760 / 8760 Gewährte Boni 19% USt. | 200,00 | |
| 3806 / 1776 Umsatzsteuer 19% | 38,00 | |
| an 1800 / 1200 Bank | | 238,00 |

# 19. Warenverkehr in EU-Mitgliedsstaaten

Seit Januar 1993 ist in der EU ein umsatzsteuerliches Gemeinschaftsgebiet entstanden. Alle zum Vorsteuerabzugsberechtigte Unternehmen, die am innergemeinschaftlichen Handel teilnehmen, erhalten eine Umsatzsteuer-Identifikationsnummer.

## 19.1. EU-Erwerb / Innergemeinschaftlicher Erwerb

Kauft ein inländisches Unternehmen Waren von einem Unternehmen in einem anderen EU-Mitgliedsstaat, liegt in der Regel ein **Innergemeinschaftlicher Erwerb** vor.

> Der innergemeinschaftliche Erwerb ist **umsatzsteuerpflichtig**.
>
> Der **Erwerber** ist der **Umsatzsteuerschuldner**.

### 1. G BEISPIEL – EU-Erwerb, Waren

Bente Baut kauft Waren für 1.000,00 € von einem Unternehmen in Spanien.

Die Anforderungen an die Rechnung hinsichtlich des innergemeinschaftlichen Güterverkehrs sind erfüllt.

| 5425 / 3425 EU-Erwerb 19% VSt. und 19% USt. | 1.000,00 | |
|---|---|---|
| 1404 / 1574 VSt. aus EU-Erwerb 19% | 190,00 | |
| an 3310 / 1610 Verbindlichkeiten LL | | 1.000,00 |
| an 3804 / 1774 USt. aus EU-Erwerb 19% | | 190,00 |

### 2. I BEISPIEL – EU-Erwerb, RHB

Bente Baut kauft Rohstoffe für 2.000,00 € von einem Unternehmen in Spanien.

Die Anforderungen an die Rechnung hinsichtlich des innergemeinschaftlichen Güterverkehrs sind erfüllt.

| 5162 / 3062 Einkauf RHB, EU-Erwerb 19% VSt. / USt. | 2.000,00 | |
|---|---|---|
| 1404 / 1574 VSt. aus EU-Erwerb 19% | 380,00 | |
| an 3310 / 1610 Verbindlichkeiten LL | | 2.000,00 |
| an 3804 / 1774 USt. aus EU-Erwerb 19% | | 380,00 |

## 19.2. EU-Lieferung / Innergemeinschaftliche Lieferung

Werden von einem Unternehmen Waren / eigene Erzeugnisse an ein Unternehmen in einem anderen EU-Mitgliedsstaat geliefert, liegt in der Regel eine **Innergemeinschaftliche Lieferung** vor.

> Die innergemeinschaftliche Lieferung ist **umsatzsteuerfrei**, wenn in der Ausgangsrechnung zusätzlich zu den üblichen Angaben
> - die Umsatzsteuer-Identifikationsnummer des Lieferanten und
> - die Umsatzsteuer-Identifikationsnummer des Erwerbers enthalten sind und
> - auf die Umsatzsteuerfreiheit hingewiesen wird.

**BEISPIEL**

Bente Baut liefert Waren für 3.500,00 € an ein Unternehmen in Österreich. Die Anforderungen an die Rechnung hinsichtlich der innergemeinschaftlichen Lieferung sind erfüllt.

| 1210 / 1410 Forderungen LL | 3.500,00 | |
|---|---|---|
| an  4125 / 8125 Steuerfreie i. g. Lieferungen | | 3.500,00 |

## 19.3. Exkurs: Drittland

### Import

Werden von einem Unternehmen Waren oder RHB von einem Unternehmen in einem Drittland (Nicht-EU-Mitgliedsstaat) gekauft, liegt in der Regel ein **Import** vor.

Der Aufwand wird auf den folgenden Konten gebucht:

5200 / 3200 WARENEINGANG (DRITTLAND) bzw.
5100 / 3020 EINKAUF RHB (DRITTLAND)

Zölle und andere Einfuhrabgaben werden auf dem Konto 5840 / 3850 ZÖLLE UND EINFUHRABGABEN gebucht.

### Export

Werden von einem Unternehmen Waren / eigene Erzeugnisse an ein Unternehmen in einem Drittland (Nicht-EU-Mitgliedsstaat) geliefert, liegt in der Regel eine **Exportlieferung** vor.

Der Verkauf wird wie ein gewöhnlicher Warenverkauf gebucht. Erst wenn eine Ausfuhrbescheinigung vorliegt, wird der Erlös auf das Konto 4120 / 8120 STEUERFREIE UMSÄTZE § 4 NR. 1A USTG (DRITTLAND) umgebucht und die Umsatzsteuer storniert.

■ Nachschlagewerk

# 20. Anzahlungen auf Umlaufvermögen

Anzahlungen sind Zahlungen, die erfolgen bevor die dafür vereinbarte Leistung erbracht wird.

## 20.1. Erhaltene Anzahlungen

Erhaltene Anzahlungen sind Zahlungen, die der Unternehmer erhält, obwohl er die Waren noch nicht geliefert hat.

> Eine **erhaltene Anzahlung** stellt eine **Verbindlichkeit** dar.

Die Umsatzsteuer wird fällig, wenn das Entgelt für eine noch nicht erbrachte Leistung gezahlt, muss die Umsatzsteuer bei Eingang der Anzahlung gebucht werden.

> **Anzahlungsrechnung**   +   **Zahlungseingang**   ➜   **Umsatzsteuer wird fällig**

Die Anzahlungsrechnung muss nicht gesondert gebucht werden.

**Erhaltene Anzahlungen** werden bei Zahlungseingang auf dem **Passiven Bestandskonto** ERHALTENE ANZAHLUNGEN… gebucht.

Nach Lieferung und Erhalt der Schlussrechnung muss die Anzahlung aufgelöst werden.

### BEISPIEL

a. Auf dem Bankkonto ist der Zahlungseingang zu der folgenden Anzahlungsrechnung gebucht worden.

| Anzahlung | 10.000,00 € |
| --- | --- |
| + 19% USt. | 1.900,00 € |
| Rechnungsbetrag | 11.900,00 € |

Buchung des Zahlungseingangs

| 1800 / 1200 Bank | 11.900,00 | |
| --- | --- | --- |
| an 3272 / 1718 Erhaltene Anzahlungen 19% | | 10.000,00 |
| 3806 / 1776 Umsatzsteuer 19% | | 1.900,00 |

**Hinweis**: In der Praxis ist es sinnvoll, die Anzahlungsrechnungen trotzdem zu buchen, um so den Zahlungseingang komfortabel überwachen zu können.

b. Der Kunde hat die Waren erhalten, Bente Baut hat folgende Schlussrechnung erstellt:

| | | |
|---|---:|---:|
| Waren | | 15.000,00 € |
| + 19% Umsatzsteuer | | 2.850,00 € |
| Gesamt | | 17.850,00 € |
| - Anzahlung | 10.000,00 € | |
| + 19% USt. | 1.900,00 € | 11.900,00 € |
| Rechnungsbetrag | | 5.950,00 € |

Buchung der Schlussrechnung und Auflösung der Anzahlung

| | | |
|---|---:|---:|
| 3272 / 1718 Erhaltene Anzahlungen 19% USt. | 10.000,00 | |
| 3806 / 1776 Umsatzsteuer 19% | 1.900,00 | |
| 1210 / 1410 Forderungen LL | 5.950,00 | |
| an 4400 / 8400 Erlöse 19% USt. | | 15.000,00 |
| 3806 / 1776 Umsatzsteuer | | 2.850,00 |

**Alternativ** können die Schlussrechnung und die Auflösung der Anzahlung auch getrennt gebucht werden.

| | | |
|---|---:|---:|
| 1210 / 1410 Forderungen LL | 17.850,00 | |
| an 4400 / 8400 Erlöse 19% USt. | | 15.000,00 |
| 3806 / 1776 Umsatzsteuer | | 2.850,00 |

| | | |
|---|---:|---:|
| 3272 / 1718 Erhaltene Anzahlungen 19% USt. | 10.000,00 | |
| 3806 / 1776 Umsatzsteuer 19% | 1.900,00 | |
| an 1210 / 1410 Forderungen LL | | 11.900,00 |

## 20.2. Geleistete Anzahlungen

Geleistete Anzahlungen sind Zahlungen, die der Unternehmer erbringt, obwohl er die Waren / Roh-, Hilfs- und Betriebsstoffe noch nicht erhalten hat.

> Eine **geleistete Anzahlung** stellt eine **Forderung** dar.

Die Anzahlungsrechnung muss nicht gesondert gebucht werden.

**Geleistete Anzahlungen** werden bei Zahlungsausgang auf dem **Aktiven Bestandskonto** GELEISTETE ANZAHLUNGEN… gebucht.

Die Vorsteuer kann zum Abzug gebracht werden, wenn sie in der Anzahlungsrechnung gesondert ausgewiesen worden ist und die Anzahlung geleistet (gezahlt) worden ist.

> **Anzahlungsrechnung** (mit Ausweis der Umsatzsteuer) + **Zahlungsausgang** ➔ **Vorsteuerabzug möglich**

## 1. G BEISPIEL – Geleistete Anzahlung (Waren)

a. Bente Baut hat aufgrund einer Anzahlungsrechnung für einen Warenkauf den Bruttobetrag vom Bankkonto an den Verkäufer überwiesen.

| | |
|---|---|
| Anzahlung | 1.000,00 € |
| + 19% USt. | 190,00 € |
| Rechnungsbetrag | 1.190,00 € |

Buchung des Zahlungsausgangs

| | | |
|---|---|---|
| 1186 / 1518 geleistete Anzahlungen 19% VSt. | 1.000,00 | |
| 1406 / 1576 Vorsteuer 19% | 190,00 | |
| an 1800 / 1200 Bank | | 1.190,00 |

b. Bente Baut hat die Waren und folgende Schlussrechnung erhalten:

| | | |
|---|---|---|
| 20 Stühle | | 5.000,00 € |
| + 19% Umsatzsteuer | | 950,00 € |
| Gesamt | | 5.950,00 € |
| - Anzahlung | 1.000,00 € | |
| + 19% USt. | 190,00 € | 1.190,00 € |
| Rechnungsbetrag | | 4.760,00 € |

Buchung der Schlussrechnung

| | | |
|---|---|---|
| 5400 / 3400 Wareneingang 19% VSt. | 5.000,00 | |
| 1406 / 1576 Vorsteuer 19% | 950,00 | |
| an 1186 / 1518 geleistete Anzahlungen 19% | | 1.000,00 |
| 1406 / 1576 Vorsteuer 19% | | 190,00 |
| 3310 / 1610 Verbindlichkeiten LL | | 4.760,00 |

**Alternativ** können die Schlussrechnung und die Auflösung der Anzahlung auch getrennt gebucht werden.

| | | |
|---|---|---|
| 5400 / 3400 Wareneingang 19% VSt. | 5.000,00 | |
| 1406 / 1576 Vorsteuer 19% | 950,00 | |
| 3310 / 1610 Verbindlichkeiten LL | | 5.950,00 |

| | | |
|---|---|---|
| 3310 / 1610 Verbindlichkeiten LL | 1.190,00 | |
| an 1186 / 1518 geleistete Anzahlungen 19% | | 1.000,00 |
| 1406 / 1576 Vorsteuer 19% | | 190,00 |

Anzahlungen auf Umlaufvermögen

## 2. | BEISPIEL – Geleistete Anzahlung (RHB)

a. Bente Baut hat aufgrund einer Anzahlungsrechnung für einen Einkauf von Holz den Bruttobetrag vom Bankkonto an den Verkäufer überwiesen.

| | |
|---|---|
| Anzahlung | 1.000,00 € |
| + 19% USt. | 190,00 € |
| Rechnungsbetrag | 1.190,00 € |

Buchung des Zahlungsausgangs

| | | |
|---|---:|---:|
| 1186 / 1518 geleistete Anzahlungen 19% VSt. | 1.000,00 | |
| 1406 / 1576 Vorsteuer 19% | 190,00 | |
| an  1800 / 1200 Bank | | 1.190,00 |

b. Bente Baut hat die Rohstoffe und folgende Schlussrechnung erhalten:

| | | |
|---|---|---|
| 50 m² Holz | | 5.000,00 € |
| + 19% Umsatzsteuer | | 950,00 € |
| Gesamt | | 5.950,00 € |
| - Anzahlung | 1.000,00 € | |
| + 19% USt. | 190,00 € | 1.190,00 € |
| Rechnungsbetrag | | 4.760,00 € |

Buchung der Schlussrechnung

| | | |
|---|---:|---:|
| 5130 / 3030 Einkauf RHB 19% VSt. | 5.000,00 | |
| 1406 / 1576 Vorsteuer 19% | 950,00 | |
| an  1186 / 1518 geleistete Anzahlungen 19% | | 1.000,00 |
| 1406 / 1576 Vorsteuer 19% | | 190,00 |
| 3310 / 1610 Verbindlichkeiten LL | | 4.760,00 |

**Alternativ** können die Schlussrechnung und die Auflösung der Anzahlung auch getrennt gebucht werden.

| | | |
|---|---:|---:|
| 5130 / 3030 Einkauf RHB 19% VSt. | 5.000,00 | |
| 1406 / 1576 Vorsteuer 19% | 950,00 | |
| 3310 / 1610 Verbindlichkeiten LL | | 5.950,00 |

| | | |
|---|---:|---:|
| 3310 / 1610 Verbindlichkeiten LL | 1.190,00 | |
| an  1186 / 1518 geleistete Anzahlungen 19% | | 1.000,00 |
| 1406 / 1576 Vorsteuer 19% | | 190,00 |

# 21. Personalwirtschaft

Die das Personal betreffenden Aufwendungen werden als Personalkosten bezeichnet. Grundsätzlich wird unterschieden zwischen

- Lohn - Arbeitsentgelt für Arbeiter
  Bezugsgröße ist die Arbeitsstunde bzw. Arbeitstag (Stundenlohn / Tageslohn)
  Einkommen schwankt in Abhängigkeit von der Anzahl der Arbeitstage in einem Monat
- Gehalt - Arbeitsentgelt für Angestellte
  Bezugsgröße ist der Monat
  Einkommen ist konstant, also unabhängig von der Anzahl der Arbeitstage eines Monats

Für jeden Arbeitnehmer muss ein Einzelnachweis (Lohnkonto) über das Arbeitsentgelt geführt werden. In den Lohn- u. Gehaltslisten werden die Summen dieser Konten zusammengestellt. In der Finanzbuchhaltung werden diese Summen gebucht.

Die **Entgelte** werden auf den entsprechenden **Aufwandskonten** LÖHNE, GEHÄLTER etc.) gebucht.

Die Gegenbuchungen erfolgen in der Regel auf verschiedenen **Passiven Bestandskonten** (VERBINDLICHKEITEN...)

## 21.1. Lohn- bzw. Gehaltsabrechnungen

Von dem vereinbarten Arbeitsentgelt werden verschieden Steuern einbehalten:

- Lohnsteuer
- Solidaritätszuschlag
- Kirchensteuer

Diese Steuern werden vom Arbeitnehmer gezahlt und müssen bis zum 10. des Folgemonats vom Arbeitgeber an die Finanzbehörden abgeführt werden.

Ein Arbeitnehmer ist in der Regel auch in verschiedenen Versicherungen pflichtversichert. Diese sogenannten Sozialversicherungen sind:

- Krankenversicherung
- Pflegeversicherung
- Rentenversicherung
- Arbeitslosenversicherung

Die Beiträge werden vom Arbeitgeber und Arbeitnehmer gezahlt. Der Arbeitgeber muss die Gesamtsozialversicherungsbeiträge bereits am fünftletzten Bankarbeitstag des Monats, in dem die Beiträge anfallen, an die Krankenkassen melden. Am drittletzten Bankarbeitstag muss das Geld den Krankenkassen wertstellungsmäßig zur Verfügung stehen.

Neben den vier bereits genannten Sozialversicherungen gibt es noch eine fünfte, die Unfallversicherung bei der Berufsgenossenschaft. Die Beiträge für die Berufsgenossenschaft trägt der Arbeitgeber in voller Höhe. Der Beitragsbescheid ergeht einmal jährlich, der Beitrag muss dann bis zum 15. des Folgemonats bei der Berufsgenossenschaft eingegangen sein.

## BEISPIEL

a. Die Beitragsvorauszahlung an die Krankenkasse in Höhe von 2.700,00 € ist dem Bankkonto belastet worden.

Buchung der Beitragsvorauszahlung

| 3740 / 1742 Verbindlichkeiten soziale Sicherheit | 2.700,00 | |
|---|---|---|
| an  1800 / 1200 Bank | | 2.700,00 |

b. Am Monatsende liegt Ihnen folgende Aufstellung vor:

| | |
|---|---|
| Gehälter | 6.830,00 € |
| -  Lohn-, Kirchensteuer u. Solidaritätszuschlag | 1.670,00 € |
| -  Arbeitnehmerbeitrag zur Sozialversicherung | 1.350,00 € |
| =  Auszahlungsbetrag | 3.810,00 € |

Buchung der Gehaltszahlung

| 6020 / 4120 Gehälter | 6.830,00 | |
|---|---|---|
| an  3730 / 1741 Verb. Lohn- u. Ki.-Steuer | | 1.670,00 |
| 3740 / 1742 Verb. soziale Sicherheit | | 1.350,00 |
| 3720 / 1740 Verb. aus Lohn und Gehalt | | 3.810,00 |

c. Der Arbeitgeberanteil zu den Sozialversicherungsbeiträgen beläuft sich auf 1.350,00 €.

Buchung des Arbeitgeberanteils zur Sozialversicherung

| 6110 / 4130 Ges. soziale Aufwendungen (AG-Anteil) | 1.350,00 | |
|---|---|---|
| an  3740 / 1742 Verb. soziale Sicherheit | | 1.350,00 |

## 21.2. Vermögenswirksame Leistungen

Wenn ein Mitarbeiter einen Vertrag über vermögenswirksame Leistungen abgeschlossen hat, ist der Arbeitgeber verpflichtet die Sparbeiträge im Rahmen der Lohn- und Gehaltszahlungen an den Vertragspartner des Arbeitnehmers abzuführen. Wenn der Arbeitgeber die Sparraten ganz oder teilweise nimmt, ist dies für den Arbeitnehmer zusätzliches steuer- und sozialversicherungspflichtiges Arbeitsentgelt.

**BEISPIEL**

a. Die Beitragsvorauszahlung an die Krankenkasse in Höhe von 2.587,00 € ist dem Bankkonto belastet worden.

Buchung der Beitragsvorauszahlung

| 3740 / 1742 Verbindlichkeiten soziale Sicherheit | 2.704,00 | |
|---|---|---|
| an  1800 / 1200 Bank | | 2.704,00 |

b. Ein Mitarbeiter hat einen Vertrag über vermögenswirksame Leistungen abgeschlossen. Die monatliche Sparrate für den Vertrag beträgt 40,00 €. Gemäß Tarifvertrag übernimmt der Arbeitgeber davon 30,00 €.

Am Monatsende liegt Ihnen folgende Aufstellung vor:

|   | Gehälter | 6.830,00 € |
|---|---|---|
| + | AG-Zuschuss VL | 30,00 € |
| - | Lohn-, Kirchensteuer u. Solidaritätszuschlag | 1.673,00 € |
| - | Arbeitnehmerbeitrag zur Sozialversicherung | 1.352,00 € |
| - | Sparbeitrag VL | 40,00 € |
| = | Auszahlungsbetrag | 3.795,00 € |

Buchung der Lohn- und Gehaltszahlung

| 6020 / 4120 Gehälter | 6.830,00 | |
|---|---|---|
| 6080 / 4170 Vermögenswirksame Leistungen | 30,00 | |
| an  3730 / 1741 Verb. Lohn- u. Ki.-Steuer | | 1.673,00 |
| 3740 / 1742 Verb. soziale Sicherheit | | 1.352,00 |
| 3770 / 1750 Verb. aus Vermögensbildung | | 40,00 |
| 3720 / 1740 Verb. aus Lohn und Gehalt | | 3.795,00 |

c. Der Arbeitgeberanteil zu den Sozialversicherungsbeiträgen beläuft sich auf 1.352,00 €.

Buchung des Arbeitgeberanteils zur Sozialversicherung

| 6110 / 4130 Ges. soziale Aufwendungen (AG-Anteil) | 1.352,00 | |
|---|---|---|
| an  3740 / 1742 Verb. soziale Sicherheit | | 1.352,00 |

## 21.3. Vorschüsse / Forderungen an Mitarbeiter

Ein **Vorschuss** ist eine Zahlung an den Mitarbeiter, auf die dieser (noch) keinen Anspruch hat. Ein Vorschuss ist daher als ein kurzfristiges Darlehen an den Mitarbeiter zu betrachten. Bei Auszahlung des Vorschusses entsteht eine **Forderung an** den **Mitarbeiter**, die im Rahmen der Lohn- / Gehaltszahlung verrechnet wird.

**BEISPIEL**

a. Bente Baut zahlt einem Mitarbeiter einen Vorschuss in Höhe von 200,00 € bar aus.

Buchung der Vorschusszahlung

| 1340 / 1530 Forderungen gegen Personal | 200,00 | |
|---|---|---|
| an  1600 / 1000 Kasse | | 200,00 |

b. Die Beitragsvorauszahlung an die Krankenkasse in Höhe von 2.780,00 € ist dem Bankkonto belastet worden.

Buchung der Beitragsvorauszahlung

| 3740 / 1742 Verbindlichkeiten soziale Sicherheit | 2.700,00 | |
|---|---|---|
| an  1800 / 1200 Bank | | 2.700,00 |

c. Am Monatsende liegt folgende Aufstellung vor:

| | |
|---|---|
| Gehälter | 6.830,00 € |
| - Lohn-, Kirchensteuer u. Solidaritätszuschlag | 1.670,00 € |
| - Arbeitnehmerbeitrag zur Sozialversicherung | 1.350,00 € |
| - verrechneter Vorschuss | 200,00 € |
| = Auszahlungsbetrag | 3.610,00 € |

Buchung der Lohn- und Gehaltszahlung

| 6020 / 4120 Gehälter | 6.830,00 | |
|---|---|---|
| an  3730 / 1741 Verb. Lohn- u. Ki.-Steuer | | 1.670,00 |
| 3740 / 1742 Verb. soziale Sicherheit | | 1.350,00 |
| 1340 / 1530 Forderungen gegen Personal | | 200,00 |
| 3720 / 1740 Verb. aus Lohn und Gehalt | | 3.610,00 |

d. Der Arbeitgeberanteil zu den Sozialversicherungsbeiträgen beläuft sich auf 1.350,00 €.

Buchung des Arbeitgeberanteils zur Sozialversicherung

| 6110 / 4130 Ges. soziale Aufwendungen (AG-Anteil) | 1.350,00 | |
|---|---|---|
| an  3740 / 1742 Verb. soziale Sicherheit | | 1.350,00 |

## 21.4. Entgeltliche Warenlieferungen an Mitarbeiter

Kauft ein Mitarbeiter bei seinem Arbeitgeber Waren, entsteht eine **Forderung an** den **Mitarbeiter**, die häufig im Rahmen der nächsten Lohn- / Gehaltszahlung verrechnet wird.

**BEISPIEL**

a. Ein Mitarbeiter kauft bei Bente Baut Waren für 200,00 € + 38,00 € USt. Die Forderung soll bei der nächsten Lohn- und Gehaltszahlung verrechnet werden.

Buchung des Warenverkaufs an den Mitarbeiter

| 1340 / 1530 Forderungen gegen Personal | 238,00 | |
|---|---|---|
| an  4400 / 8400 Erlöse 19% USt. | | 200,00 |
| 3806 / 1776 Umsatzsteuer 19% | | 38,00 |

b. Die Beitragsvorauszahlung an die Krankenkasse in Höhe von 2.700,00 € ist dem Bankkonto belastet worden.

Buchung der Beitragsvorauszahlung

| 3740 / 1742 Verbindlichkeiten soziale Sicherheit | 2.700,00 | |
|---|---|---|
| an  1800 / 1200 Bank | | 2.700,00 |

c. Am Monatsende liegt Ihnen folgende Aufstellung vor:

|   | Gehälter | 6.830,00 € |
|---|---|---|
| - | Lohn-, Kirchensteuer u. Solidaritätszuschlag | 1.670,00 € |
| - | Arbeitnehmerbeitrag zur Sozialversicherung | 1.350,00 € |
| - | verrechnete Forderungen gegen Personal | 238,00 € |
| = | Auszahlungsbetrag | 3.572,00 € |

Buchung der Lohn- und Gehaltszahlung

| 6020 / 4120 Gehälter | 6.830,00 | |
|---|---|---|
| an  3730 / 1741 Verb. Lohn- u. Ki.-Steuer | | 1.670,00 |
| 3740 / 1742 Verb. soziale Sicherheit | | 1.350,00 |
| 1340 / 1530 Forderungen gegen Personal | | 238,00 |
| 3720 / 1740 Verb. aus Lohn und Gehalt | | 3.572,00 |

d. Der Arbeitgeberanteil zu den Sozialversicherungsbeiträgen beläuft sich auf 1.350,00 €.

Buchung des Arbeitgeberanteils zur Sozialversicherung

| 6110 / 4130 Ges. soziale Aufwendungen (AG-Anteil) | 1.350,00 | |
|---|---|---|
| an  3740 / 1742 Verb. soziale Sicherheit | | 1.350,00 |

## 21.5. Lohn- und Gehaltspfändungen

Liegt für einen Mitarbeiter eine Lohn- und Gehaltspfändung vor, ist der Arbeitgeber verpflichtet diese im Rahmen der gesetzlichen Vorschriften bei der Lohn- und Gehaltsabrechnung zu berücksichtigen.

**BEISPIEL**

Für einen Mitarbeiter liegt eine Gehaltspfändung über 500,00€ vor. Unter Berücksichtigung der Pfändungsvorschriften sind in diesem Monat 280,00 € vom Auszahlungsbetrag einzubehalten und an den Pfändungsgläubiger zu überweisen.

a. Die Beitragsvorauszahlung an die Krankenkasse in Höhe von 2.700,00 € ist dem Bankkonto belastet worden.

Buchung der Beitragsvorauszahlung

| 3740 / 1742 Verbindlichkeiten soziale Sicherheit | 2.700,00 | |
|---|---|---|
| an  1800 / 1200 Bank | | 2.700,00 |

b. Am Monatsende liegt Ihnen folgende Aufstellung vor:

| | |
|---|---|
| Gehälter | 6.830,00 € |
| - Lohn-, Kirchensteuer u. Solidaritätszuschlag | 1.670,00 € |
| - Arbeitnehmerbeitrag zur Sozialversicherung | 1.350,00 € |
| - Einbehaltungen von Mitarbeitern | 280,00 € |
| = Auszahlungsbetrag | 3.530,00 € |

Buchung der Lohn- und Gehaltszahlung

| 6020 / 4120 Gehälter | 6.830,00 | |
|---|---|---|
| an  3730 / 1741 Verb. Lohn- u. Ki.-Steuer | | 1.670,00 |
| 3740 / 1742 Verb. soziale Sicherheit | | 1.350,00 |
| 3725 / 1748 Verb. aus Einbehaltungen v. AN | | 280,00 |
| 3720 / 1740 Verb. aus Lohn und Gehalt | | 3.530,00 |

# 22. Zahlungsverkehr

Bei einer **Barzahlung** wird der Erhalt des Geldes durch den Kassenbeleg oder eine Quittung bestätigt. Bei einer **halbbaren Zahlung** zahlt der Schuldner den Betrag bar bei einem Kreditinstitut ein, der Gläubiger erhält eine Gutschrift auf seinem Bankkonto. Bei einer **bargeldlosen Zahlung** wird ein Betrag von einem Bankkonto auf ein anderes transferiert.

## 22.1. Schecks

### Scheckforderungen

Wenn ein Kunde eine Rechnung mit einem (Verrechnungs-)Scheck ausgleicht, ist es üblich den Scheck beim Kreditinstitut zur Gutschrift auf dem betrieblichen Bankkonto einzureichen und den Forderungsausgleich erst beim Vorliegen des Kontoauszugs zu buchen. Bei dieser Vorgehensweise ist aus der Finanzbuchführung nicht ersichtlich, dass der Forderungsausgleich per Scheck erfolgt ist. Möglich ist auch eine Buchung des Schecks über das **aktive Bestandskonto** SCHECKS.

#### 1. BEISPIEL – Verzicht auf gesonderte Buchung

Bente Baut hat von einem Kunden einen Scheck über 595,00 € zum Ausgleich einer Forderung erhalten. Die Gutschrift ist auf dem Bankkonto bereits erfolgt. Auf die gesonderte Buchung des Schecks wird verzichtet.

Buchung des Zahlungseingangs

| 1800 / 1200 Bank | 595,00 | |
|---|---|---|
| an  1210 / 1410 Forderungen LL | | 595,00 |

#### 2. BEISPIEL Scheck – mit gesonderter Buchung

Bente Baut hat von einem Kunden einen Scheck über 595,00 € zum Ausgleich einer Forderung erhalten. Die Gutschrift ist auf dem Bankkonto bereits erfolgt. Auf die gesonderte Buchung des Schecks wird nicht verzichtet.

a. Buchung des Forderungsausgleichs

| 1550 / 1330 Schecks | 595,00 | |
|---|---|---|
| an  1210 / 1410 Forderungen LL | | 595,00 |

b. Buchung der Scheckgutschrift

| 1800 / 1200 Bank | 595,00 | |
|---|---|---|
| an  1550 / 1330 Schecks | | 595,00 |

### Scheckverbindlichkeiten

Vom Unternehmer ausgestellte Schecks werden üblicherweise erst gebucht, wenn die Belastung auf dem Bankkonto erfolgt. Lediglich am Jahresende besteht eine Verpflichtung ausgestellte Schecks zu buchen, da sie eine Verbindlichkeit darstellen. Üblicherweise erfolgt die Buchung auf einem Konto aus dem Bereich Wechselverbindlichkeiten. Bei diesem Konto wird dann die Kontenbezeichnung entsprechend geändert oder ergänzt.

## 22.2. Kosten des Zahlungsverkehrs und Zinsen

Diese Kosten werden auf folgenden Konten erfasst:

- Die für den **Zahlungsverkehr** anfallenden **Kosten** werden auf dem **Aufwandskonto** NEBENKOSTEN DES GELDVERKEHRS gebucht.
- **Sollzinsen** werden über das **Aufwandskonto** ZINSAUFWENDUNGEN FÜR KURZFRISTIGE VERBIND-LICH-KEITEN gebucht.
- **Habenzinsen** werden über das **Ertragskonto** SONSTIGE ZINSEN UND ÄHNLICHE ERTRÄGE erfasst.

### BEISPIEL
Folgende Abrechnung ist am Monatsende dem Bankkonto belastet worden:

|   | Kontoführungsentgelte | 10,00 € |
|---|---|---|
| + | Sollzinsen | 23,80 € |
| - | Habenzinsen | 0,50 € |
| = | Abrechnungsbetrag | 33,30 € |

| | | |
|---|---|---|
| 6855 / 4970 Nebenkosten des Geldverkehrs | 10,00 | |
| 7310 / 2110 Zinsaufwendungen für kurzfristige Verb. | 23,80 | |
| an 7100 / 2650 Sonstige Zinsen und ähnl. Erträge | | 0,50 |
| 1800 / 1200 Bank | | 33,30 |

## 22.3. Kassenfehlbetrag

Führt der Unternehmer die Kasse wird der Fehlbetrag als Konto PRIVATENTNAHME gebucht (nur bei Einzelunternehmern oder Personengesellschaften möglich).

Führt ein Mitarbeiter die Kasse, wird der Fehlbetrag über das Konto NEBENKOSTEN DES GELDVERKEHRS ausgeglichen. Es sei denn der Mitarbeiter ist verpflichtet den Fehlbetrag zu Lasten seines Mankogelds (Bestandteil des steuerpflichtigen Einkommens) auszugleichen, in diesem Fall erfolgt die Buchung über das Konto FORDERUNGEN GEGEN PERSONAL.

### 1. BEISPIEL – Mitarbeiter führt die Kasse
Die Kasse von Bente Baut, die von einem Mitarbeiter geführt wird, weist einen Fehlbetrag von 1,00 € auf. (Laut Kassenbericht müssten sich 498,00 € in der Kasse befinden, tatsächlich sind es 497,00 €)

| | | |
|---|---|---|
| 6855 / 4970 Nebenkosten des Geldverkehrs | 1,00 | |
| an 1600 / 1000 Kasse | | 1,00 |

### 2. BEISPIEL – Mankogeld
In der Kasse von Bente Baut fehlen 2,00 €. (Laut Kassenbericht müssten sich 48,00 € in der Kasse befinden, tatsächlich sind es 46,00 €). Der verantwortliche Mitarbeiter verfügt über Mankogeld.

| | | |
|---|---|---|
| 1340 / 1530 Forderungen gegen Personal | 2,00 | |
| an 1600 / 1000 Kasse | | 2,00 |

# 23. Darlehen

Als **Darlehen** wird Fremdkapitel bezeichnet, das dem Unternehmen in der Regel von einem Kreditinstitut für eine bestimmte Zeit zu bestimmten Konditionen (Bedingungen) zur Verfügung gestellt wird.

Die **Darlehen** werden auf dem Konto passiven Bestandskonto VERBINDLICHKEITEN GEGENÜBER KREDITINSTITUTEN (3150 / 0630) gebucht.

Bei der Bilanzierung müssen Darlehen nach Ihrer Restlaufzeit unterschieden werden:

- kurzfristig    Restlaufzeit bis 1 Jahr
- mittelfristig  Restlaufzeit 1 bis 5 Jahre
- langfristig    Restlaufzeit größer 5 Jahre

Insbesondere in Hochzinsphasen wird in den Darlehensbedingungen oft vereinbart, dass nicht die komplette Darlehenssumme zur Auszahlung kommt, sondern um ein Disagio vermindert wird. Im Gegenzug erhält der Kreditnehmer einen günstigeren Zinssatz. Getilgt werden muss das Darlehen auch bei Vereinbarung eines Disagios in voller Höhe.

> Ein **Disagio** ist daher ein **Zins**, der in abgewandelter Form erbracht wird.

Das **Disagio** wird deshalb

- erst auf dem **Bestandskonto** DISAGIO (1940 / 0986) aktiviert und
- dann gleichmäßig auf die Darlehenslaufzeit verteilt,
  in dem es schrittweise über das Konto ABSCHREIBUNGEN AUF DISAGIO in **Aufwand** umgewandelt wird.

Die **Zinszahlungen** werden auf den **Aufwandskonten**

- ZINSAUFWENDUNGEN FÜR KURZFRISTIGE VERBINDLICHKEITEN (7310 / 2110) bzw.
- ZINSAUFWENDUNGEN FÜR LANGFRISTIGE VERBINDLICHKEITEN (7320 / 2120) erfasst.

Hinweis:
In der Praxis ist es üblich für jedes Darlehen ein eigenes Sachkonto einzurichten.
Die Zuordnung der Darlehen zu den jeweiligen Bilanzpositionen erfolgt dann im Rahmen der Jahresabschlussarbeiten.

## BEISPIEL
Bente Baut hat ein Darlehen zu folgenden Konditionen bei einem Kreditinstitut aufgenommen:

| | |
|---|---|
| Darlehenssumme | 60.000,00 € |
| Disagio | 5 % |
| Auszahlung (Valutierung) am | 01.07.2021 auf dem Bankkonto |
| Laufzeit | 5 Jahre |
| Tilgung | am Ende der Laufzeit in einer Summe |
| Zinsen | 6 % p.a. |
| Zinstermine | halbjährlich nachträglich |

a. Buchung der Darlehensvalutierung

| | | |
|---|---:|---:|
| 1800 / 1200 Bank | 57.000,00 | |
| 1940 / 0986 Disagio | 3.000,00 | |
| an 3150 / 0630 Verb. gg. Kreditinstituten | | 60.000,00 |

b. Buchung der Zinszahlung am 31.12.2021

Berechnen Sie die Zinsen mit einer der Formeln:

$$\text{Zinsen} = \frac{\text{Kapital} \times \text{Prozentsatz} \times \text{Monate}}{100 \times 12} \qquad \text{Zinsen} = \frac{\text{Kapital} \times \text{Prozentsatz} \times \text{Tage}}{100 \times 360}$$

| Berechnung: | 6 % von 60.000,00 € = 3.600,00 € Zinsen pro Jahr | |
|---|---:|---:|
| | 3.600,00 € / 2 = 1.800,00 € anteilige Zinsen (01.07.-31.12.) | |
| 7320 / 2120 Zinsaufwendungen für langfristige Verb. | 1.800,00 | |
| an 1800 / 1200 Bank | | 1.800,00 |

c. Buchung der Disagio-Abschreibung am 31.12.2021

| Berechnung: | 5 % von 60.000,00 € = 3.000,00 € Disagio | |
|---|---:|---:|
| | 3..000,00 € / 60 Mte. x 6 Mte. = 300,00 € anteiliges Disagio (01.07.-31.12.) | |
| 7323 / 2123 Abschreibungen auf Disagio | 300,00 | |
| an 1940 / 0986 Disagio | | 300,00 |

# 24. Sachanlagen

Zu den Sachanlagen gehören die beweglichen und unbeweglichen materiellen Gegenstände des Anlagevermögens.

## 24.1. Anschaffungskosten

Bei Anschaffung sind die Sachanlagen mit ihren Anschaffungskosten zu aktivieren (auf aktiven Bestandskonten zu buchen).

Die Anschaffungskosten werden wie folgt ermittelt:

```
      Anschaffungspreis / Kaufpreis
+     Anschaffungsnebenkosten
-     Anschaffungspreisminderungen
=     Anschaffungskosten
```

> **Anschaffungsnebenkosten** sind Kosten,
> - die zusätzlich zum Kaufpreis anfallen,
> - dem Anlagegut einzeln zugeordnet werden können und
> - erforderlich sind, um es in einen betriebsbereiten Zustand zu bringen.

### Kauf beweglicher Wirtschaftsgüter

Anschaffungsnebenkosten bei **beweglichen Wirtschaftsgütern** wie Autos, Maschinen sind u. a. Überführungskosten, Zulassung oder beim BGA z. B. Versand- bzw. Frachtkosten.

Nicht zu den Anschaffungsnebenkosten eines Autokaufs gehört die erste Tankfüllung. Im Werk wird bereits eine geringe Menge Kraftstoff eingefüllt und damit der betriebsbereite Zustand hergestellt.

### Kauf unbeweglicher Wirtschaftsgüter

Beim **Kauf** von **Grundstücken** gehören Maklerprovision, Vermessungskosten, Grunderwerbsteuer sowie Notar- und Grundbuchgebühren zu den Anschaffungsnebenkosten.

Geldbeschaffungs- / Finanzierungskosten sind keine Anschaffungsnebenkosten.
Zu den Preisminderungen gehören Rabatte, Preisnachlässe, Skonti und Boni.

Bei der **Anschaffung** von **Gebäuden** sind die Anschaffungskosten einschließlich der Anschaffungsnebenkosten

- für das Grundstück
- von denen für die Gebäude zu trennen.

Die Grundstückswerte werden auf dem aktiven **Bestandskonto** BEBAUTE GRUNDSTÜCKE (0225 / 0085) gebucht.

Die Gebäudewerte werden auf aktiven **Bestandskonten** gebucht z.B. GESCHÄFTSBAUTEN (0240 / 0090) oder FABRIKBAUTEN (0250 / 0100).

Bente Baut hat ein Geschäftsgebäude für 500.000,00 € erworben. Die Kaufpreisforderung ist durch eine Darlehensvalutierung beglichen worden. Das Darlehen in Höhe des Kaufpreises ist zu 100 % ausgezahlt worden. Auf das Grundstück entfallen 25 % des Kaufpreises.

Die Anschaffungsnebenkosten in Höhe von 40.000,00 € sind vom Bankkonto überwiesen worden.

a. Buchung der Kaufpreiszahlung

| 0235 / 0085 bebaute Grundstücke | 125.000,00 | |
|---|---|---|
| 0240 / 0090 Geschäftsbauten | 375.000,00 | |
| an 3150 / 0630 Verb. gg. Kreditinstituten | | 500.000,00 |

b. Buchung der Anschaffungsnebenkosten

| 0235 / 0085 bebaute Grundstücke | 10.000,00 | |
|---|---|---|
| 0240 / 0090 Geschäftsbauten | 30.000,00 | |
| an 1800 / 1200 Bank | | 40.000,00 |

## 24.2. Anzahlungen auf Anlagegüter

Geleistete Anzahlungen sind Zahlungen, die der Unternehmer erbringt, obwohl er das Anlagegut noch nicht erhalten hat. Die geleistete Anzahlung ist wie eine Forderung zu betrachten (Aktivkonto).
Die Vorsteuer kann zum Abzug gebracht werden, wenn sie in der Anzahlungsrechnung gesondert ausgewiesen worden ist und die Anzahlung geleistet (gezahlt) worden ist.

**BEISPIEL**

a. Bente Baut hat aufgrund einer Anzahlungsrechnung für eine noch zuliefernde Maschine den Bruttobetrag vom Bankkonto an den Verkäufer überwiesen.

|  |  |
|---|---|
| Anzahlung | 1.000,00 € |
| + 19% USt. | 190,00 € |
| Rechnungsbetrag | 1.190,00 € |

Buchung des Zahlungsausgangs

| 0780 / 0299 Anzahlungen auf techn. Anlagen und Maschinen | 1.000,00 | |
|---|---|---|
| 1406 / 1576 Vorsteuer 19% | 190,00 | |
| an 1800 / 1200 Bank | | 1.190,00 |

b. Bente Baut hat die Maschine und folgende Schlussrechnung erhalten:

| | | |
|---|---|---|
| Maschine | | 5.000,00 € |
| +  19% Umsatzsteuer | | 950,00 € |
| Gesamt | | 5.950,00 € |
| -  Anzahlung | 1.000,00 € | |
| +  19% USt. | 190,00 € | 1.190,00 € |
| Rechnungsbetrag | | 4.760,00 € |

Buchung der Schlussrechnung

| | | |
|---|---:|---:|
| 0440 / 0210 Maschinen | 5.000,00 | |
| 1406 / 1576 Vorsteuer 19% | 950,00 | |
| an  0780 / 0299 Anzahl. a. techn. Anlagen u. M. | | 1.000,00 |
| 1406 / 1576 Vorsteuer 19% | | 190,00 |
| 3310 / 1610 Verbindlichkeiten LL | | 4.760,00 |

**Alternativ** können die Schlussrechnung und die Auflösung der Anzahlung getrennt gebucht werden.

| | | |
|---|---:|---:|
| 0440 / 0210 Maschinen | 5.000,00 | |
| 1406 / 1576 Vorsteuer 19% | 950,00 | |
| an  3310 / 1610 Verbindlichkeiten LL | | 5.950,00 |

| | | |
|---|---:|---:|
| 3310 / 1610 Verbindlichkeiten LL | 1.190,00 | |
| an  0780 / 0299 Anzahl. a. techn. Anlagen u. M. | | 1.000,00 |
| 1406 / 1576 Vorsteuer 19% | | 190,00 |

## 24.3. Verkauf von Anlagegütern / Anlagenabgang

Wirtschaftsgüter können vor, zum und nach dem Ende der betriebsgewöhnlichen Nutzungsdauer verkauft werden und damit aus dem Unternehmen ausscheiden.

Erfolgt der Verkauf vor dem Ende der betriebsgewöhnlichen Nutzungsdauer muss erst eine zeitanteilige Abschreibung vorgenommen werden (→ Abschreibungen). Dabei wird der Zeitraum auf die Monate vor der Veräußerung abgerundet. Außerdem müssen der Verkaufserlös gebucht und ggf. der Restbuchwert ausgebucht werden.

Indem Sie den Verkaufspreis mit dem Restbuchwert, der sich nach der zeitanteiligen Abschreibung ergibt, vergleichen, ermitteln Sie, ob bei dem Verkauf ein **Buchgewinn** oder Buchverlust entsteht.

- **Buchgewinn** → Verkaufserlös > Restbuchwert
- **Buchverlust** → Verkaufserlös < Restbuchwert

Die bei den Buchungen zu verwendenden Konten ergeben sich aus dem Ergebnis des obigen Vergleichs:

|  | Konto ||
|---|---|---|
|  | Buchgewinn | Buchverlust |
| **Verkaufserlös** | 4845 / 8820 ERLÖSE SACHANLAGENVERKÄUFE 19% UST, BG [1]<br><br>Die Gegenbuchung erfolgt z. B. auf 1210 / 1410 FORDERUNGEN LL | 6885 / 8801 ERLÖSE SACHANLAGENVERKÄUFE 19% UST, BV [2]<br><br>Die Gegenbuchung erfolgt z. B. auf 1210 / 1410 FORDERUNGEN LL |
| **Restbuchwert** | 4855 / 2315 ABGÄNGE SACHANLAGEN RBW BEI BG*<br><br>Die Gegenbuchung erfolgt auf dem (Sachanlagen-)Konto z. B. BGA | 6895 / 2310 ABGÄNGE SACHANLAGEN RBW BEI BV*<br><br>Die Gegenbuchung erfolgt auf dem (Sachanlagen-)Konto z. B. BGA |

Dieses Buchungsverfahren wird **Bruttoverfahren** genannt, da es buchungstechnisch keine Aufrechnung von Aufwand und Ertrag gibt, sondern beides in die GuV einfließt.
Beim Nettoverfahren werden Aufwand und Ertrag erst verrechnet und nur das Ergebnis dieses Vorgangs fließt in die GuV ein. Dieses Verfahren erschwert allerdings die Umsatzsteuerverprobung.[3]

---

[1] BG = Buchgewinn

[2] BV = Buchverlust

[3] Die Prüfung der gebuchten Vorsteuer und Umsatzsteuer wird Umsatzsteuerverprobung genannt. Diese Prüfung wird vor der Abgabe der Umsatzsteuervoranmeldung durchgeführt.

© Lübecks Schulungen GbR

### 1. BEISPIEL – Verkauf Anlagengut mit Buchgewinn

Bente Baut hat am 05.07.2021 eine gebrauchte Maschine für 2.500,00 € zuzüglich 19% USt. verkauft. Die Anschaffungskosten betrugen 15.000,00 €, die betriebsgewöhnliche Nutzungsdauer beträgt 10 Jahre, der Restbuchwert am 31.12.2020 betrug 3.000,00 €.

a. Buchung der zeitanteiligen Abschreibung

| Berechnung: | 15.000,00 € / 120 Mte. x 6 Mte. = 750,00 € anteilige AfA | |
|---|---|---|
| 6220 / 4830 Abschreibungen auf Sachanlagen | 750,00 | |
| an  0440 / 0210 Maschinen | | 750,00 |

b. Ausbuchen des Restwerts

| Berechnung: | 3.000,00 € (Buchwert am 31.12.) – 750,00 € (anteilige AfA) = 2.250,00 € | |
|---|---|---|
| 4855 / 2315 Abgänge Sachanlagen RBW bei BG | 2.250,00 | |
| an  0440 / 0210 Maschinen | | 2.250,00 |

c. Buchung des Verkaufserlöses

| Berechnung: | Verkaufserlös 2.500,00 € > Restbuchwert 2.250,00 € | |
|---|---|---|
| 1210 / 1410 Forderungen LL | 2.975,00 | |
| an 4845 / 8820 Erlöse Sachanlagenverkäufe 19% USt. BG | | 2.500,00 |
| 3806 / 1776 Umsatzsteuer 19% | | 475,00 |

### 2. BEISPIEL Verkauf Anlagengut mit Buchverlust

Bente Baut hat am 30.07.2021 eine gebrauchte Maschine für 2.500,00 € zuzüglich 19% USt. verkauft. Ihnen liegen folgende Angaben vor:

| | |
|---|---|
| Anschaffungskosten | 15.000,00 € |
| Restbuchwert am 31.12.2020 | 3.500,00 € |
| betriebsgewöhnliche Nutzungsdauer | 10 Jahre |

a. Buchung der zeitanteiligen Abschreibung

| Berechnung: | 15.000,00 € / 120 Mte. x 6 Mte. = 750,00 € anteilige AfA | |
|---|---|---|
| 6220 / 4830 Abschreibungen auf Sachanlagen | 750,00 | |
| an  0440 / 0210 Maschinen | | 750,00 |

b. Ausbuchen des Restwerts

| Berechnung: | 3.500,00 € (Buchwert am 31.12.) – 750,00 € (anteilige AfA) = 2.750,00 € | |
|---|---|---|
| 6895 / 2310 Abgänge Sachanlagen RBW bei BV | 2.750,00 | |
| an  0440 / 0210 Maschinen | | 2.750,00 |

c. Buchung des Verkaufserlöses

| Berechnung: | Verkaufserlös 2.500,00 € < Restbuchwert 2.750,00 € | |
|---|---|---|
| 1210 / 1410 Forderungen LL | 2.975,00 | |
| an 6885 / 8801 Erlöse Sachanlagenverkäufe 19% USt, BV | | 2.500,00 |
| 3806 / 1776 Umsatzsteuer 19% | | 475,00 |

## 24.4. Sachanlagen in Zahlung geben

Zu einer Inzahlunggabe kommt es, wenn z. B. beim Kauf eines neuen Firmenwagens der alte Firmenwagen in Zahlung gegeben wird.

**BEISPIEL**

Bente Baut kauft am 05.07.2021 einen Pkw für 35.700,00 € brutto.
Der alte Firmenwagen, der bereits vollständig abgeschrieben worden ist, soll vom Verkäufer des Neuwagens für 5.950,00 € brutto in Zahlung genommen.
Den Restbetrag überweist Bente Baut vom Bankkonto.

a. Buchung des Kaufs

| 0520 / 0320 Pkw | 30.000,00 | |
|---|---|---|
| 1406 / 1576 Vorsteuer 19% | 5.700,00 | |
| an 3310 / 1610 Verbindlichkeiten LL | | 35.700,00 |

b. Buchung des Verkaufs

| 1210 / 1410 Forderungen LL | 5.950,00 | |
|---|---|---|
| an 4845 / 8820 Erlöse Sachanlagenverk. BG | | 5.000,00 |
| 3806 / 1776 Umsatzsteuer 19% | | 950,00 |

c. Buchung der Verrechnung

| 3310 / 1610 Verbindlichkeiten LL | 5.950,00 | |
|---|---|---|
| an 1210 / 1410 Forderungen LL | | 5.950,00 |

**Hinweis**: In der Praxis erfolgt die Verrechnung über ein Verrechnungskonto (z. B. Durchlaufende Posten 1370 / 1590), da es gemäß der GoB ein Verrechnungsverbot gibt.

d. Buchung der Zahlung

| 3310 / 1610 Verbindlichkeiten LL | 29.750,00 | |
|---|---|---|
| an 1800 / 1200 Bank | | 29.750,00 |

# 25. Steuern

Der Unternehmer ist in vielfältiger Weise verpflichtet mit den Finanzbehörden zusammen zu arbeiten, aus dieser Zusammenarbeit ergeben sich zahlreiche unterschiedliche Zahlungen. Dies können z. B. Steuerzahlungen oder auch Steuerberatungskosten sein.

In der Abgabenordnung in § 3 wird definiert, was Steuern sind:

- (1) **Steuern** sind Geldleistungen, die nicht eine Gegenleistung für eine besondere Leistung darstellen und von einem öffentlich-rechtlichen Gemeinwesen zur Erzielung von Einnahmen allen auferlegt werden, bei denen der Tatbestand zutrifft, an den das Gesetz die Leistungspflicht knüpft; die Erzielung von Einnahmen kann Nebenzweck sein.
- (2) **Realsteuern** sind die Grundsteuer und die Gewerbesteuer.
- (3) **Einfuhr- und Ausfuhrabgaben** nach Artikel 4 Nr. 10 und 11 des Zollkodexes sind Steuern im Sinne dieses Gesetzes.
- (4) **Steuerliche Nebenleistungen** sind
    - Verzögerungsgelder (§ 146 Abs. 2b),
    - Verspätungszuschläge (§ 152),
    - Zuschläge gemäß § 162 Abs. 4,
    - Zinsen (§§ 233 bis 237),
    - Säumniszuschläge (§ 240),
    - Zwangsgelder (§ 329)
    - Kosten (§§ 89, 178, 178a und §§ 337 bis 345)
    - Zinsen im Sinne des Zollkodexes
    - Verspätungsgelder nach § 22a Absatz 5 des Einkommensteuergesetzes.

## 25.1. Betriebliche Steuern

Zu den betrieblichen Steuern gehören:

| Aufwandsteuern | Grundsteuer<br>Kfz-Steuer |
|---|---|
| Aktivierungspflichtige Steuern | Grunderwerbsteuer |
| Nicht abzugsfähige Steuern | Körperschaftssteuer<br>Gewerbesteuer |
| Durchlaufende Posten | Lohn- und Kirchensteuer, Solidaritätszuschlag<br>Umsatzsteuer |

**Aufwandssteuern** und nicht abzugsfähige Steuern werden zu Lasten der entsprechenden **Aufwandskonten** gebucht.

**Aktivierungspflichtige Steuern** werden auf dem entsprechenden **Bestandskonto** erfasst (→ Sachanlagen - Anschaffungskosten)

**Durchlaufende Posten** werden zu Lasten der entsprechenden **passiven Bestandskonten** gebucht (z. B. UMSATZSTEUER, VERBINDLICHKEITEN AUS LOHN- UND KIRCHENSTEUER)

**Steuernachzahlungen** werden über …STEUERNACHZAHLUNGEN… gebucht. (Kontenklasse 7 bzw. 2)

**Steuererstattungen** werden unter …STEUERERSTATTUNGEN… erfasst. (Kontenklasse 7 bzw. 2)

## 25.2. Steuerliche Nebenleistungen

Steuerliche Nebenleistungen wie z.B. Säumniszuschläge, Zwangsgelder oder Zinsen werden grundsätzlich über das Konto gebucht, auf dem auch die entsprechende Steuer gebucht worden ist.

## 25.3. Private Steuern

Zu den privaten Steuern gehören alle Steuern, die der Unternehmer zahlen muss, und die nicht zu seinem Unternehmen gehören, wie z. B.:

- Einkommensteuer
- Schenkungsteuer
- Erbschaftssteuer
- Kfz-Steuer für Privatwagen
- Grundsteuer für private Grundstücke

Werden Private Steuern von betrieblichen Bankkonto überwiesen, handelt es sich um Privatentnahmen, die Buchung lautet also: PRIVATENTNAHMEN, ALLGEMEIN an BANK

### BEISPIEL – Private und betriebliche Steuern

Vom betrieblichen Bankkonto werden 1.000,00 € Kfz-Steuer abgebucht. Davon entfallen 800,00 € auch den betrieblichen Fuhrpark und der Rest auf den privaten Pkw des Unternehmers.

| | | |
|---|---|---|
| 7685 / 4510 Kfz-Steuer | 800,00 | |
| 2100 / 1800 Privatentnahmen allgemein | 200,00 | |
| an 1800 / 1200 Bank | | 1.000,00 |

## 25.4. Steuerberatungskosten

Sofern die Steuerberatungskosten im Zusammenhang mit betrieblichen Steuern anfallen, werden sie z. B. über das Aufwandskonto Rechts- und Beratungskosten gebucht. Steuerberatungskosten für private Steuern sind wie die privaten Steuern Privatentnahmen, sofern sie von einem betrieblichen Bankkonto gezahlt werden.

### BEISPIEL – Steuerberatungskosten

Vom betrieblichen Bankkonto werden 1.190,00 € Steuerberatungskosten incl. 19% USt. überwiesen. Davon sind 20% für die privaten Steuern des Unternehmers angefallen.

| | | |
|---|---|---|
| 6825 / 4950 Rechts- und Beratungskosten | 800,00 | |
| 1406 / 1576 Vorsteuer | 152,00 | |
| 2100 / 1800 Privatentnahmen allgemein | 238,00 | |
| an 1800 / 1200 Bank | | 1.190,00 |

# 26. Rechnungsabgrenzung

Einige Zahlungen des laufenden Geschäftsbetriebs wir z. B. Versicherungsbeiträge fallen regelmäßig an, sind aber nicht monatlich, sondern viertel-, halbjährlich oder auch nur einmal jährlich fällig. Diese Zahlungen können entweder im Voraus oder im Nachhinein erfolgen.

Ziel der Rechnungsabgrenzung ist es Aufwendungen und Erlöse periodengerecht zu erfassen, so dass in jeder Periode nur die Summen erfolgswirksam werden, die auch wirtschaftlich zu ihr gehören.

Die periodengerechte Abgrenzung im Rahmen des Jahresabschlusses ist gesetzlich vorgeschrieben (z.B. §250 Abs. Satz 1 HGB).

Die monatsgenaue Abgrenzung ist nicht erforderlich, wird aber in vielen Unternehmen vorgenommen, um vergleichbare die Betriebsergebnisse für die einzelnen Monate zu erhalten.

Es gibt **vier** Arten der Rechnungsabgrenzung, von denen jeweils zwei unter einem Oberbegriff zusammengefasst werden:

|  | Rechnungsabgrenzung | |
|---|---|---|
|  | **Transitorische Rechnungsabgrenzung** | **Antizipative Rechnungsabgrenzung** |
| **Aufwand** | ■ AKTIVE RECHNUNGSABGRENZUNG<br>Konto 1900 / 0980<br>**geleistete Vorauszahlung**:<br>Ausgabe im alten Jahr für<br>Aufwand, der zum neuen Jahr gehört | ■ SONSTIGE VERBINDLICHKEITEN<br>Konto 3500 / 1700<br>**Zahlungsverpflichtung**:<br>Aufwand, der zum alten Jahr gehört,<br>wird im neuen Jahr bezahlt |
| **Ertrag** | ■ PASSIVE RECHNUNGSABGRENZUNG<br>Konto 3900 / 0990<br>**erhaltene Vorauszahlung**:<br>Einnahme im alten Jahr für<br>Ertrag, der zum neuen Jahr gehört | ■ SONSTIGE VERMÖGENSGEGENSTÄNDE<br>Konto 1300 / 1500<br>**Forderung**:<br>Ertrag, der zum alten Jahr gehört,<br>wird im neuen Jahr bezahlt |

## 26.1. Transitorische Abgrenzung

**Aufwand** ist im **Voraus** bezahlt worden ➔ **Aktive Rechnungsabgrenzung**

Bei der Aktiven Rechnungsabgrenzung wird Aufwand, der bereits bezahlt worden ist, aber nicht zu der aktuellen Wirtschaftsperiode gehört, auf das Aktive Bestandskonto 1900 / 0980 AKTIVE RECHNUNGSABGRENZUNG gebucht.

Sobald die passende Periode erreicht ist, wird die Aktive Rechnungsabgrenzung aufgelöst, die Gegenbuchung erfolgt auf dem entsprechenden Aufwandskonto

**Ertrag** ist im **Voraus** eingegangen ➔ **Passive Rechnungsabgrenzung**

Bei der Passiven Rechnungsabgrenzung dabei wird der Ertrag, der bereits eingegangen ist, aber nicht zu der aktuellen Wirtschaftsperiode gehört, auf das Passive Bestandskonto
3900 / 0990 PASSIVE RECHNUNGSABGRENZUNG gebucht.

Sobald die passende Periode erreicht ist, wird die Passive Rechnungsabgrenzung aufgelöst, die Gegenbuchung erfolgt auf dem entsprechenden Ertragskonto.

Die Abgrenzung kann indirekt oder direkt erfolgen.

- Bei der **indirekten Abgrenzung** werden die Abgrenzungsbuchungen im Rahmen der Jahresabschlussarbeiten durchgeführt.
- Bei der **direkten Abgrenzung** wird die Abgrenzung beim Buchen der Zahlung vorgenommen.

### Aktive Rechnungsabgrenzung

Bei der **aktiven Rechnungsabgrenzung** werden **Aufwendungen**, die im Voraus gezahlt worden sind, den Wirtschaftsperioden zu geordnet, zu denen sie wirtschaftlich gehören.

Die **A**ktive **R**echnungs**a**bgrenzung wird mit **ARA** abgekürzt. Üblich ist auch die Bezeichnung **ARAP** als **A**ktiver **R**echnungs**a**bgrenzungs**p**osten.

In den folgenden Beispielen wird die Jahresabgrenzung gezeigt.

Nachschlagewerk

### 1. BEISPIEL – indirekte Abgrenzung eines Aufwands

Am 30.07.2021 ist dem Bankkonto die Prämie für die Betriebsausfallversicherung für den Zeitraum 01.08.2021 – 31.07.2022 in Höhe von 2.400,00 € belastet worden.

a. Buchung - Bankkontoauszug ohne Abgrenzung

| 6400 / 4360 Versicherungen | 2.400,00 | |
|---|---|---|
| an  1800 / 1200 Bank | | 2.400,00 |

b. Buchung der Abgrenzung zum 31.12.2021

| Berechnung: 2.400,00 € / 12 Mte. x 7 Mte. = 1.400,00 € gehören wirtschaftlich zum Jahr 2022 | | |
|---|---|---|
| 1900 / 0980 Aktive Rechnungsabgrenzung | 1.400,00 | |
| an  6400 / 4360 Versicherungen | | 1.400,00 |

c. Buchung Anfang 2022, Auflösung der Abgrenzung

| 6400 / 4360 Versicherungen | 1.400,00 | |
|---|---|---|
| an  1900 / 0980 Aktive Rechnungsabgrenzung | | 1.400,00 |

### 2. BEISPIEL – direkte Abgrenzung eines Aufwands

Am 30.07.2021 ist dem Bankkonto die Prämie für die Betriebshaftpflichtversicherung für die Zeit vom 01.08.2021 – 31.07.2022 in Höhe von 1.800,00 € belastet worden.

a. Buchung des Bankkontoauszugs mit Abgrenzung

| Berechnung: 1.800,00 € / 12 Mte. x 7 Mte. = 1.050,00 € gehören wirtschaftlich zum Jahr 2022 | | |
|---|---|---|
| 6400 / 4360 Versicherungen | 750,00 | |
| 1900 / 0980 Aktive Rechnungsabgrenzung | 1.050,00 | |
| an  1800 / 1200 Bank | | 1.800,00 |

b. Buchung - Anfang 2022, Auflösung der Abgrenzung

| 6400 / 4360 Versicherungen | 1.050,00 | |
|---|---|---|
| an  1900 / 0980 Aktive Rechnungsabgrenzung | | 1.050,00 |

## Passive Rechnungsabgrenzung

Bei der **Passiven Rechnungsabgrenzung** werden **Erträge**, die im Voraus gezahlt worden sind, den Wirtschaftsperioden zu geordnet, zu denen sie wirtschaftlich gehören.

Die **P**assive **R**echnungs**a**bgrenzung wird mit **PRA** abgekürzt. Üblich ist auch die Bezeichnung **PRAP** als **P**assiver **R**echnungs**a**bgrenzungs**p**osten.

In den folgenden Beispielen wird die Jahresabgrenzung gezeigt.

### 1. BEISPIEL – indirekte Abgrenzung eines Ertrags

Am 01.11.2021 sind dem Bankkonto 600,00 € gutgeschrieben worden. Es handelt sich um die Mieten für eine Garage von November 2021 bis April 2022.

a. Buchung – Bankkontoauszug ohne Abgrenzung

| | | |
|---|---|---|
| 1800 / 1200 Bank | 600,00 | |
| an 4861 / 2751 Erlöse Vermietung u. Verp. | | 600,00 |

b. Buchung der Abgrenzung zum 31.12.2021

| | | |
|---|---|---|
| Berechnung: 600,00 € / 6 Mte. x 4 Mte. = 400,00 € gehören wirtschaftlich zum Jahr 2022 | | |
| 4861 / 2751 Erlöse Vermietung u. Verpachtung ustfrei | 400,00 | |
| an 3900 / 0990 Passive Rechnungsabgr. | | 400,00 |

c. Buchung – Anfang 2022, Auflösung der Abgrenzung

| | | |
|---|---|---|
| 3900 / 0990 Passive Rechnungsabgrenzung | 400,00 | |
| an 4861 / 2751 Erlöse Vermietung u. Verp. | | 400,00 |

### 2. BEISPIEL – direkte Abgrenzung eines Ertrags

Am 30.07.2021 sind auf dem Bankkonto 600,00 € eingegangen. Es handelt sich um die Jahresmiete (01.08.2021 – 31.07.2022) für einen Parkplatz.

a. Buchung des Bankkontoauszugs mit Abgrenzung

| | | |
|---|---|---|
| Berechnung: 600,00 € / 12 Mte. x 7 Mte. = 350,00 € gehören wirtschaftlich zum Jahr 2022 | | |
| 1800 / 1200 Bank | 600,00 | |
| an 4861 / 2751 Erlöse Vermietung u. Verp. | | 250,00 |
| 3900 / 0990 Passive Rechnungsabgr. | | 350,00 |

b. Buchung Anfang 2022, Auflösung der Abgrenzung

| | | |
|---|---|---|
| 3900 / 0990 Passive Rechnungsabgrenzung | 350,00 | |
| an 4861 / 2751 Erlöse Vermietung u. Verp. | | 350,00 |

## 26.2. Antizipative Abgrenzung

**Aufwand** wird im **Nachhinein** bezahlt ➔ **Sonstige Verbindlichkeiten**

Ein Aufwand, der zu der aktuellen Wirtschaftsperiode gehört aber erst in einer späteren bezahlt wird, muss auf dem entsprechenden Aufwandskonto periodengerecht erfasst werden.

Die Gegenbuchung erfolgt auf dem **Passiven Bestandskonto** 3500 / 1700 SONSTIGE VERBINDLICHKEITEN.

Mit der Zahlungsbuchung wird die Sonstige Verbindlichkeit ausgeglichen.

**Ertrag** wird im **Nachhinein** vereinnahmt ➔ **Sonstige Vermögensgegenstände**

Ein Ertrag, der zu der aktuellen Wirtschaftsperiode gehört, der aber erst in einer späteren vereinnahmt wird, muss auf dem entsprechenden Ertragskonto periodengerecht gebucht.

Die Gegenbuchung erfolgt auf dem **Aktiven Bestandskonto** 1300 / 1500 SONSTIGE VERMÖGENGEGENSTÄNDE.

Bei der Buchung des Zahlungseingangs erfolgt die Gegenbuchung auf SONSTIGE VERMÖGENSGEGENSTÄNDE.

### Sonstige Verbindlichkeiten

Mit der **Rechnungsabgrenzung** über SONSTIGE VERBINDLICHKEITEN werden **Aufwendungen** erfasst, die in der ablaufenden Wirtschaftsperiode entstanden, aber noch nicht in Rechnung gestellt worden sind.

Die Rechnungsabgrenzung wird über das **passive Bestandskonto** SONSTIGE VERBINDLICHKEITEN gebucht.

> Auch bei umsatzsteuerpflichtigen Vorgängen ist **kein Vorsteuerabzug** möglich, da eine der Voraussetzungen für den Abzug der Vorsteuer nicht erfüllt ist: Es liegt **keine Rechnung** vor.

### BEISPIEL

a. Bente Baut hat ein Darlehen über 50.000,00 € mit einer Laufzeit von 5 Jahren aufgenommen. Das Darlehen ist am 01.11.2021 auf das Bankkonto ausgezahlt worden, die Auszahlung betrug 100 %, die Tilgung erfolgt am Ende der Laufzeit in einer Summe.

Buchung am 01.11.2021 – Darlehensvalutierung (Darlehensauszahlung)

| 1800 / 1200 Bank | 50.000,00 | |
|---|---|---|
| an 3150 / 0630 Verbindl. gg. Kreditinstituten | | 50.000,00 |

b. Der Zinssatz beträgt 6 % p.a., die Zinszahlung erfolgt nachträglich, die Zinsraten werden vierteljährlich jeweils zum 01.02., 01.05., 01.08. und 01.11. vom Bankkonto abgebucht.

Buchung am 31.12.2021 – Zinsaufwand für 2021

| Berechnung: Zinsen pro Jahr: | 50.000,00 € / 100 x 6 = 3.000,00 € | |
|---|---|---|
| Aufwand für 2021: | 3.000,00 € / 12 x 2 = 500,00 € | |
| 7320 / 2120 Zinsaufwendungen für langfristige Verbindl. | 500,00 | |
| an 3500 / 1700 Sonstige Verbindlichkeiten | | 500,00 |

c. Am 01.02.2022 werden die Zinsen für die Monate November bis Januar vom Bankkonto abgebucht.

Buchung am 01.02.2022 – Zinszahlung November - Januar

| Berechnung: Zinsen pro Jahr: | 50.000,00 € /100 x 6 = 3.000,00 € | |
|---|---|---|
| ¼ jährl. Zinsrate: | 3.000,00 € / 12 x 3 = 750,00 € → 250,00 € für 2022 | |
| 7320 / 2120 Zinsaufwendungen für langfristige Verbindl. | 250,00 | |
| 3500 / 1700 Sonstige Verbindlichkeiten | 500,00 | |
| an 1800 / 1200 Bank | | 750,00 |

## Rückstellungen

Rückstellungen sind eine besondere Form der Sonstigen Verbindlichkeiten. Mit der Bildung einer **Rückstellung** werden **Aufwendungen** erfasst, die im ablaufenden Wirtschaftsjahr entstanden sind, deren genaue **Höhe** und/oder **Fälligkeit** jedoch noch **nicht feststehen**.

Die Rückstellungen werden auf **passiven Bestandskonten** gebucht, die Gegenbuchung erfolgt auf den entsprechenden Aufwandskonten.

Auch bei umsatzsteuerpflichtigen Vorgängen ist **kein Vorsteuerabzug** möglich, da eine der Voraussetzungen für den Abzug der Vorsteuer nicht erfüllt ist: Es liegt **keine Rechnung** vor.

### 1. BEISPIEL Bildung der Rückstellung; bei Auflösung der Rückstellung – Rückstellung > Kosten

a. Bente Baut rechnet in einem Rechtsstreit (wegen einer Forderung aus 2021) mit 3.200,00 € Anwaltskosten.

Buchung am 31.12.2021 – Bildung der Rückstellung

| 6825 / 4950 Rechts- und Beratungskosten | 3.200,00 | |
|---|---|---|
| an 3070 / 0970 Sonstige Rückstellungen | | 3.200,00 |

b. Am 02.03.2022 erhalten wir die Abrechnung unseres Anwalts:

| | Beratung | 2.800,00 € |
|---|---|---|
| + | Auslagen | 200,00 € |
| + | 19% Umsatzsteuer | 570,00 € |
| | Rechnungsbetrag | 3.570,00 € |

Buchung der Rechnung

| | | |
|---|---:|---:|
| 3070 / 0970 Sonstige Rückstellungen | 3.000,00 | |
| 1406 / 1576 Vorsteuer 19% | 570,00 | |
| an 3310 / 1610 Verbindlichkeiten LL | | 3.570,00 |

c. Durch die Rechnung des Anwalts ist der Grund für die Bildung der Rückstellung entfallen und die Rückstellung muss aufgelöst werden.

Buchung – Auflösung der Rückstellung

| | | |
|---|---:|---:|
| 3070 / 0970 Sonstige Rückstellungen | 200,00 | |
| an 4930 / 2735 Erträge aus der Auflösung von Rückstellungen | | 200,00 |

### 2. BEISPIEL – Bildung der Rückstellung; bei Auflösung der Rückstellung – Rückstellung < Kosten

a. Bente Baut rechnet für 2021 mit Steuerberatungskosten in Höhe von 3.000,00 €.

Buchung am 31.12.2021 – Bildung der Rückstellung

| | | |
|---|---:|---:|
| 6825 / 4950 Rechts- und Beratungskosten | 3.000,00 | |
| an 3070 / 0970 Sonstige Rückstellungen | | 3.000,00 |

b. Am 02.04.2022 erhalten wir die Abrechnung unseres Steuerberaters:

|   | Beratung | 1.000,00 € |
|---|---|---:|
| + | Jahresabschluss | 2.500,00 € |
| + | 19% Umsatzsteuer | 665,00 € |
|   | Rechnungsbetrag | 4.165,00 € |

Buchung – Rechnung und Auflösung der Rückstellung

| | | |
|---|---:|---:|
| 3070 / 0970 Sonstige Rückstellungen | 3.000,00 | |
| 6960 / 2020 Periodenfremde Aufwendungen | 500,00 | |
| 1406 / 1576 Vorsteuer 19% | 665,00 | |
| an 3310 / 1610 Verbindlichkeiten LL | | 4.165,00 |

## Sonstige Vermögensgegenstände (sonstige Forderungen)

Mit der **Rechnungsabgrenzung** über SONSTIGE VERMÖGENSGEGENSTÄNDE werden **Erträge** erfasst, die wirtschaftlich zur ablaufenden Geschäftsperiode gehören, aber noch nicht vereinnahmt worden sind.

Die Rechnungsabgrenzung wird über das **aktive Bestandskonto** SONSTIGE VERMÖGENSGEGENSTÄNDE gebucht.

> Bei umsatzsteuerpflichtigen Vorgängen muss die Umsatzsteuer berücksichtigt werden, da die **Umsatzsteuer fällig** wird, wenn die **Leistung erbracht** ist.

# Rechnungsabgrenzung

## 1. BEISPIEL – Sonstige Vermögensgegenstände, ohne Umsatzsteuer

Bente Baut erhält die Zinsen für festverzinsliche Wertpapiere, die zum 01.12.2021 angeschafft worden sind, im Nachhinein. Die Gutschrift erfolgt jeweils Ende November auf dem Bankkonto.
Die jährliche Zinsrate beträgt 1.200,00 €, für den Zeitraum Dezember bis November.

a. Buchung am 31.12.2021 – Zinserträge für 2021

| Berechnung: Zinsen für 2021: 1.200,00 € / 12 x 1 = 100,00 € | | |
|---|---|---|
| 1300 / 1500 Sonstige Vermögensgegenstände | 100,00 | |
| an 7100 / 2650 Zinsen und ähnliche Erträge | | 100,00 |

b. Buchung - Zinsgutschrift (November 2022)

| 1800 / 1200 Bank | 1.200,00 | |
|---|---|---|
| an 1300 / 1500 Sonstige Vermögensgegenst. | | 100,00 |
| 7100 / 2650 Zinsen und ähnliche Erträge | | 1.100,00 |

## 2. BEISPIEL – Sonstige Vermögensgegenstände, mit Umsatzsteuer

Wir haben seit dem 01.05.2021 ein Grundstück verpachtet. Die jährliche Pacht beträgt 8.400,00 € zuzgl. 19% USt. Die Pachtzahlung erfolgt gemäß Pachtvertrag jeweils nachträglich Ende April auf unser Bankkonto.

a. Buchung am 31.12.2021 – Pachterträge für 2021

| Berechnung: Pacht für 2021: 8.400,00 € / 12 x 8 = 5.600,00 € | | |
|---|---|---|
| USt. für 2021: 5.600,00 € / 100 x 19 = 1.064,00 € | | |
| 1300 / 1500 Sonstige Vermögensgegenstände | 6.664,00 | |
| an 4861 / 2751 Erlöse Vermietung u. Verp. | | 5.600,00 |
| 3806 / 1776 Umsatzsteuer | | 1.064,00 |

b. Buchung der Pachtzahlung (April 2022)

| Berechnung: Pacht gesamt: 8.400,00 € / 100 x 119 = 9.996,00 € | | |
|---|---|---|
| Pacht für 2022: 8.400,00 € - 5.600,00 € = 2.800,00 € | | |
| USt. für 2022: 2.800,00 € / 100 x 19 = 532,00 € | | |
| 1800 / 1200 Bank | 9.996,00 | |
| an 1300 / 1500 Sonstige Vermögensgegenst. | | 6.664,00 |
| 4861 / 2751 Erlöse Vermietung u. Verp. | | 2.800,00 |
| 3806 / 1776 Umsatzsteuer | | 532,00 |

# 27. Bewertung von Forderungen

Forderungen werden nach dem ihrer Güte (Bonität) in drei Kategorien unterschieden

- Einwandfreie Forderung
  es bestehen keine Zweifel, dass die Forderung beglichen wird.
- Zweifelhafte (dubiose) Forderungen
  es bestehen Zweifel, dass die Forderungen in voller Höhe beglichen wird
- Uneinbringliche Forderungen
  es wird nicht mehr mit einem Zahlungseingangs gerechnet, die Forderung ist nicht einzutreiben.

## 27.1. Zweifelhafte Forderungen

### Bildung einer Zweifelhaften Forderung

Eine Forderung ist zum Beispiel zweifelhaft, wenn der Kunde eine Mängelrüge wegen schlechter Leistung geltend gemacht hat, oder er seine Zahlung weitgehend eingestellt hat. Wegen des Grundsatzes der Bilanzklarheit, müssen Zweifelhafte Forderungen in der Bilanz gesondert ausgewiesen werden. Die entsprechenden Forderungen werden daher einschließlich der enthaltenen Umsatzsteuer auf das Aktive Bestandskonto ZWEIFELHAFTE FORDERUNGEN umgebucht.

#### 1. BEISPIEL – Forderung umbuchen

Ein Kunde ist zahlungsunfähig, die Forderungen an den Kunden betragen 1.190,00 €.

Umbuchung auf Zweifelhafte Forderungen

| 1240 / 1460 Zweifelhafte Forderungen | 1.190,00 | |
|---|---|---|
| an  1210 / 1410 Forderungen LL | | 1.190,00 |

### Bewertung einer Zweifelhaften Forderung

Für den Jahresabschluss muss ermittelt werden, in welcher Höhe die Forderung voraussichtlich ausfällt, d.h. wie viel Wert sie verliert. In Höhe der voraussichtlichen Nettoforderungsausfalls wird eine Einzelwertberichtigung (EWB) gebildet.

- Das Konto EINZELWERTBERICHTIGUNG ist ein **Passives Bestandskonto** und bildet in der Bilanz sozusagen das „Gegengewicht" zu dem Konto ZWEIFELHAFTE FORDERUNGEN.
- Die Gegenbuchung erfolgt auf dem **Aufwandskonto** EINSTELLUNG IN EWB bzw. auf dem Ertragskonto ERTRÄGE AUS DER HERABSETZUNG EWB.

#### 2. BEISPIEL – Einzelwertberichtigung bilden

Der Insolvenzverwalter hat mitgeteilt, dass voraussichtlich mit einer Quote von 40 % zu rechnen ist.

Buchung – Bildung der Einzelwertberichtigung am 31.12.

| 6923 / 2451 Einstellung in EWB | 600,00 | |
|---|---|---|
| an  1246 / 0998 Einzelwertberichtigung | | 600,00 |

# Bewertung von Forderungen

## Praxisüblicher Umgang mit dem Konto EWB
In der Praxis ist es üblich die Einzelwertberichtigungen unterjährig „stehen zu lassen", unabhängig davon was im Laufe des Geschäftsjahres mit den einzelwertberichtigten Forderungen geschehen ist. Zum Ende jeden Geschäftsjahres wird der aktuelle Einzelwertberichtigungsbedarf ermittelt und nur die Differenz zum vorhandenen Bestand gebucht.

### 3. BEISPIEL – Zuführung zur Einzelwertberichtigung
Das Konto Einzelwertberichtigung weist am Jahresanfang einen Saldo von 12.000,00 € auf. Für das zu Ende gehende Geschäftsjahr haben Sie einen EWB-Bedarf von 12.800,00 € ermittelt.
Nehmen Sie die Anpassungsbuchung zum 31.12. vor.

| 6923 / 2451 Einstellung in EWB | 800,00 | |
|---|---|---|
| an 1246 / 0998 Einzelwertberichtigung | | 800,00 |

### 4. BEISPIEL – (Teil-)Auflösung der Einzelwertberichtigung
Das Konto Einzelwertberichtigung weist am Jahresanfang einen Saldo von 12.000,00 € auf. Für das zu Ende gehende Geschäftsjahr haben Sie einen EWB-Bedarf von 11.800,00 € ermittelt.
Nehmen Sie die Anpassungsbuchung zum 31.12. vor.

| 1246 / 0998 Einzelwertberichtigung | 200,00 | |
|---|---|---|
| an 4923 / 2731 Erträge aus Herabsetzung EWB | | 200,00 |

## 27.2. Uneinbringliche Forderungen

### Abschreibung uneinbringlicher Forderungen
Eine Forderung gilt z. B. in folgenden Fällen als uneinbringlich:

- Insolvenzverfahren eröffnet (Abschn. 17.1 Abs. 5 Satz 5 UStAE)
- Insolvenzverfahren mangels Masse nicht eröffnet
- Forderungsverzicht im Rahmen des Insolvenzverfahrens
- Fruchtlose Zwangsvollstreckung
- Verjährung der Forderung
- Aufenthaltsort / Adresse des Kunden ist nicht zu ermitteln

Uneinbringliche Forderungen werden direkt über das Aufwandskonto FORDERUNGSVERLUSTE... abgeschrieben.

> Für die in der uneinbringlichen Forderung enthaltene Umsatzsteuer besteht ein Erstattungsanspruch an die Finanzbehörden.

Sofern die Forderung zum Zeitpunkt der Abschreibung noch nicht auf ZWEIFELHAFTE FORDERUNGEN umgebucht worden ist, wird an Forderungen LL gebucht.

### 1. BEISPIEL – Abschreibung einer uneinbringlichen Forderung

Die Forderung an einen Kunden über 11.900,00 € incl. 19% USt. ist uneinbringlich geworden. Die Forderung ist bereits auf ZWEIFELHAFTE FORDERUNGEN umgebucht worden.

| 6936 / 2406 Forderungsverluste 19% USt. | 10.000,00 | |
|---|---|---|
| 3806 / 1776 Umsatzsteuer 19% | 1.900,00 | |
| an 1240 / 1460 Zweifelhafte Forderungen | | 11.900,00 |

### Zahlungseingang auf bereits abgeschriebene Forderungen

In einigen Fällen kommt es zu Zahlungseingängen auf bereits abgeschriebene Forderungen, weil der Kunde z. B. unerwartet zu Geld bekommen ist.

Diese Zahlungseingänge werden über das Ertragskonto ERTRÄGE AUS ABGESCHRIEBENEN FORDERUNGEN gebucht, gleichzeitig ist auch die anteilige Umsatzsteuer wieder an das Finanzamt abzuführen.

### 2. BEISPIEL – Zahlungseingang auf eine bereits abgeschriebene Forderung

Wir erhalten einen Scheck über 1.190,00 € für eine bereits abgeschriebene Forderung über 5.950,00 €. In der Forderung waren 19% USt.[1] enthalten.

| 1550 / 1330 Schecks | 1.190,00 | |
|---|---|---|
| an 4925 / 2732 Erträge aus abgeschr. Ford. | | 1.000,00 |
| 3806 / 1776 Umsatzsteuer | | 190,00 |

[1] Die Umsatzsteuer wird mit dem Prozentsatz berechnet, der in der Rechnung ausgewiesen worden war.

## 27.3. Einwandfreie Forderungen / Pauschalwertberichtigung

Auch in scheinbar einwandfreien Forderungen ist ein latentes Ausfallrisiko enthalten z. B. durch die Ausnutzung von Skonti. Dieses allgemeine Ausfallrisiko kann bei der Bewertung des Forderungsbestandes in einer Pauschalwertberichtigung berücksichtigt werden.

Berechnungsgrundlage für die Pauschalwertberichtigung ist der Nettoforderungsbestand der einwandfreien Forderungen. Der anzuwendende Prozentsatz ergibt sich aus Erfahrungswerten und ist dem Finanzamt nachzuweisen.

- Die Buchung erfolgt auf dem **Passiven Bestandskonto** PAUSCHALWERTBERICHTIGUNG.
- Die Gegenbuchung erfolgt auf dem **Aufwandskonto** EINSTELLUNGEN IN PWB bzw. auf dem Ertragskonto ERTRÄGE AUS DER HERABSETZUNG PWB.

In der Praxis ist es üblich die Pauschalwertberichtigungen unterjährig „stehen zu lassen". Zum Ende jeden Geschäftsjahres wird der aktuelle Pauschalwertberichtigungsbedarf ermittelt und nur die Differenz zum vorhandenen Bestand gebucht.

## 1. BEISPIEL – Zuführung zur Pauschalwertberichtigung

Das Konto Pauschalwertberichtigung weist am Jahresanfang einen Saldo von 2.000,00 € auf. Für das zu Ende gehende Geschäftsjahr haben Sie einen PWB-Bedarf von 2.100,00 € ermittelt.

| | | |
|---|---|---|
| 6920 / 2450 Einstellung in PWB | 100,00 | |
| an 1248 / 0996 Pauschalwertberichtigung | | 100,00 |

## 2. BEISPIEL Herabsetzung der Pauschalwertberichtigung

Das Konto Einzelwertberichtigung weist am Jahresanfang einen Saldo von 12.000,00 € auf. Für das zu Ende gehende Geschäftsjahr haben Sie einen EWB-Bedarf von 11.800,00 € ermittelt.

| | | |
|---|---|---|
| 1248 / 0996 Pauschalwertberichtigung | 200,00 | |
| an 4920 / 2730 Erträge aus Herabsetzung PWB | | 200,00 |

# 28. Hauptabschluss- / Betriebsübersicht

Die Hauptabschlussübersicht auch Betriebsübersicht genannt, ist eine Tabelle, in der alle Sachkonten (Bestandskonten, Erfolgskonten, Privatkonten) mit ihrem Buchführungsergebnis zusammengestellt werden.

> Mit der Hauptabschlussübersicht kann ein Probeabschluss durchgeführt werden, ohne die einzelnen Konten abschließen zu müssen. Buchungsfehler können so schon vor dem Abschluss der Konten entdeckt und berichtigt werden. Die Hauptabschlussübersicht kann somit als Kontrollinstrument und Abschlusshilfe bezeichnet werden.

## 28.1. Aufbau und Inhalt der Hauptabschlussübersicht

Es gibt verschiedene Formen der Hauptabschlussübersicht. Sie unterscheiden sich durch die Anzahl ihrer Spalten.

Die ungekürzte Hauptabschlussübersicht setzt sich aus zwei Vorspalten und acht Bilanzspalten zusammen:

### Vorspalten
- Kontennummer
- Kontenbezeichnung

### Bilanzspalten
- Eröffnungsbilanz
- Umsatzbilanz
- Summenbilanz (Probebilanz)
- Saldenbilanz I (vorläufige Saldenbilanz)
- Umbuchungsbilanz (Umbuchungen)
- Saldenbilanz II (endgültige Saldenbilanz)
- Schlussbilanz
- Erfolgsbilanz (GuV-Rechnung)

### Summenbilanz (Probebilanz)

In einer gekürzten Hauptabschlussübersicht wird mit der Summenbilanz begonnen.

In der Summenbilanz werden die Beträge der Sollseite und die Beträge der Habenseite jedes einzelnen Kontos eingetragen, so wie sie sich nach der Buchung der Anfangsbestände und der Buchung der laufenden Geschäftsvorfälle ergeben. Die Summenbilanz entspricht damit den Zahlen der Eröffnungsbilanz und der Umsatzbilanz:

Die Summen der Soll- und Habenspalte der Summenbilanz müssen übereinstimmen. Stimmen die Summen nicht überein, müssen die Fehler gesucht und berichtigt werden.

## 1. Beispiel – Summenbilanz

Hinweis: Zugunsten der Übersichtlichkeit ist im folgenden Beispiel auf die Angabe der Kontonummern verzichtet worden.

Bente Baut hat folgende Summenbilanz erstellt.

| Konten | Summenbilanz | |
|---|---|---|
| Bezeichnung | S | H |
| Unb. Grundstücke | 70.000 | |
| Pkw | 25.000 | |
| Bestand Rohstoffe | 5.000 | |
| Bestand Waren | 1.500 | |
| Forderungen | 40.000 | 10.000 |
| Vorsteuer | 7.000 | 100 |
| Bank | 87.700 | 27.200 |
| Kasse | 10.500 | 3.000 |
| Eigenkapital | | 30.000 |
| Privatentnahmen | 800 | |
| Verbindlichkeiten | 300 | 93.300 |
| Umsatzsteuer | 15.000 | 34.300 |
| Erlöse | | 83.500 |
| Erlösschmälerungen | 2.000 | |
| Wareneingang | 11.000 | 600 |
| Nachlässe (Waren) | | 1.000 |
| BV Waren* | | |
| BV RHB* | | |
| Löhne | 2.000 | |
| Gehälter | 1.000 | |
| Miete | 200 | |
| Heizung | 2.000 | |
| Fahrzeugkosten | 2.000 | |
| Abschreibungen | | |
| Gesamt: | 283.000 | 283.000 |

## Saldenbilanz I (vorläufige Saldenbilanz)

Aus der Summenbilanz wird die Saldenbilanz I entwickelt. Da die Umbuchungen noch nicht vorgenommen sind, wird sie auch als vorläufige Saldenbilanz bezeichnet.

### 2. Beispiel – Saldenbilanz I

Aus der Summenbilanz, die Bente Baut aufgestellt hat, ergibt sich die folgende Saldenbilanz I.

| Kontenbezeichnung | Summenbilanz | | Saldenbilanz I | |
|---|---|---|---|---|
| | S | H | S | H |
| Unb. Grundstücke | 70.000 | | 70.000 | |
| Pkw | 25.000 | | 25.000 | |
| Bestand Rohstoffe | 5.000 | | 5.000 | |
| Bestand Waren | 1.500 | | 1.500 | |
| Forderungen | 40.000 | 10.000 | 30.000 | |
| Vorsteuer | 7.000 | 100 | 6.900 | |
| Bank | 87.700 | 27.200 | 60.500 | |
| Kasse | 10.500 | 3.000 | 7.500 | |
| Eigenkapital | | 30.000 | | 30.000 |
| Privatentnahmen | 800 | | 800 | |
| Verbindlichkeiten | 300 | 93.300 | | 93.000 |
| Umsatzsteuer | 15.000 | 34.300 | | 19.300 |
| Erlöse | | 83.500 | | 83.500 |
| Erlösschmälerungen | 2.000 | | 2.000 | |
| Wareneingang | 11.000 | 600 | 10.400 | |
| Nachlässe (Waren) | | 1.000 | | 1.000 |
| BV Waren | | | | |
| BV RHB | | | | |
| Löhne | 2.000 | | 2.000 | |
| Gehälter | 1.000 | | 1.000 | |
| Miete | 200 | | 200 | |
| Heizung | 2.000 | | 2.000 | |
| Fahrzeugkosten | 2.000 | | 2.000 | |
| Abschreibungen | | | | |
| Gesamt: | 283.000 | 283.000 | 226.800 | 226.800 |

Hinweis: Die Summen der Soll- und Habenspalte der Saldenbilanz I müssen übereinstimmen. Stimmen die Summen nicht überein, müssen die Fehler gesucht und berichtigt werden.

## Umbuchungsbilanz (Umbuchungen)

In der Umbuchungsbilanz werden die abschlussvorbereitenden Buchungen erfasst. Hierzu gehören

- die Abschreibungen
- die Anpassung der Buchbestände (Soll-Bestand) an die Inventurbestände (Ist-Bestand), dazu gehören Bestandsveränderungen und Inventurdifferenzen wie Kassenfehlbeträge
- die Verrechnung der Umsatzsteuerkonten,
- die Abschlüsse der Unterkonten über die Hauptkonten.

Darüber hinaus können in den Umbuchungsspalten Buchungsfehler berichtigt werden.

In der Umbuchungsbilanz wird nach gleichen Grundsätzen gebucht wie bei den Buchungen auf den Konten.

### 3. Beispiel – abschlussvorbereitende Umbuchungen

Bei der Aufstellung der Hauptabschlussübersicht für Bente Baut sind folgende Abschlussangaben zu berücksichtigen:

- Abschreibung Pkw                                6.000,- €
- Schlussbestand der Rohstoffe laut Inventur      4.000,- €
- Schlussbestand der Waren laut Inventur          2.900,- €

Aus der Saldenbilanz I und den Abschlussangaben ergeben sich die folgenden abschlussvorbereitenden Buchungen (Spalte "Umbuchungen")

| Kontenbezeichnung | Soll | Haben |
|---|---|---|
| 1. Abschreibungen | 6.000,00 | |
| an Pkw | | 6.000,00 |
| 2. Bestandsveränderungen RHB | 1.000,00 | |
| an Rohstoffe (Bestand) | | 1.000,00 |
| 3. Waren (Bestand) | 1.400,00 | |
| an BV Waren | | 1.400,00 |
| 4. Eigenkapital | 800,00 | |
| an Privatentnahmen | | 800,00 |
| 5. Umsatzsteuer | 6.900,00 | |
| an Vorsteuer | | 6.900,00 |
| 6. Erlöse | 2.000,00 | |
| an Erlösschmälerungen | | 2.000,00 |
| 7. Nachlässe (Waren) | 1.000,00 | |
| an Wareneingang | | 1.000,00 |

**Hinweise**: Die abschlussvorbereitenden Buchungen werden in die Umbuchungsbilanz übernommen. Die Addition der Sollspalte muss mit der Addition der Habenspalte übereinstimmen. Stimmen die Summen nicht überein, müssen die Fehler gesucht und berichtigt werden.

## 4. Beispiel – Umbuchungen

| Kontenbezeichnung | Saldenbilanz I | | Umbuchungen | |
|---|---|---|---|---|
| | S | H | S | H |
| Unb. Grundstücke | 70.000 | | | |
| Pkw | 25.000 | | | 1)  6.000 |
| Bestand Rohstoffe | 5.000 | | | 2)  1.000 |
| Bestand Waren | 1.500 | | 3)  1.400 | |
| Forderungen | 30.000 | | | |
| Vorsteuer | 6.900 | | | 5)  6.900 |
| Bank | 60.500 | | | |
| Kasse | 7.500 | | | |
| Eigenkapital | | 30.000 | 4)  800 | |
| Privatentnahmen | 800 | | | 4)  800 |
| Verbindlichkeiten | | 93.000 | | |
| Umsatzsteuer | | 19.300 | 5)  6.900 | |
| Erlöse | | 83.500 | 6)  2.000 | |
| Erlösschmälerungen | 2.000 | | | 6)  2.000 |
| Wareneingang | 10.400 | | | 7)  1.000 |
| Nachlässe Waren | | 1.000 | 7)  1.000 | |
| BV Waren | | | | 3)  1.400 |
| BV RHB | | | 2)  1.000 | |
| Löhne | 2.000 | | | |
| Gehälter | 1.000 | | | |
| Miete | 200 | | | |
| Heizung | 2.000 | | | |
| Fahrzeugkosten | 2.000 | | | |
| Abschreibungen | | | 1)  6.000 | |
| Gesamt: | 226.800 | 226.800 | 19.100 | 19.100 |

**Hinweis**: Aus Platzgründen ist die Summenbilanz nicht mit dargestellt worden.

## Saldenbilanz II (endgültige Saldenbilanz)

In der Saldenbilanz II werden die sich nach den Umbuchungen ergebenden neuen Salden eingetragen. Soweit sich keine Umbuchungen ergeben, werden die unverändert gebliebenen Salden der Saldenbilanz I in die Saldenbilanz II übertragen. Danach werden keine Änderungen mehr vorgenommen, deshalb bezeichnet man die Saldenbilanz II auch als endgültige Saldenbilanz.

### 5. Beispiel – Saldenbilanz II

| Kontenbezeichnung | Saldenbilanz I | | Umbuchungen | | Saldenbilanz II | |
|---|---|---|---|---|---|---|
| | S | H | S | H | S | H |
| Unb. Grundstücke | 70.000 | | | | 70.000 | |
| Pkw | 25.000 | | | 1) 6.000 | 19.000 | |
| Bestand Rohstoffe | 5.000 | | | 2) 1.000 | 4.000 | |
| Bestand Waren | 1.500 | | 3) 1.400 | | 2.900 | |
| Forderungen | 30.000 | | | | 30.000 | |
| Vorsteuer | 6.900 | | | 5) 6.900 | | |
| Bank | 60.500 | | | | 60.500 | |
| Kasse | 7.500 | | | | 7.500 | |
| Eigenkapital | | 30.000 | 4) 800 | | | 29.200 |
| Privatentnahmen | 800 | 0 | | 4) 800 | | |
| Verbindlichkeiten | | 93.000 | | | | 93.000 |
| Umsatzsteuer | | 19.300 | 5) 6.900 | | | 12.400 |
| Erlöse | | 83.500 | 6) 2.000 | | | 81.500 |
| Erlösschmälerungen | 2.000 | | | 6) 2.000 | | |
| Wareneingang | 10.400 | | | 7) 1.000 | 9.400 | |
| Nachlässe (Waren) | | 1.000 | 7) 1.000 | | | |
| BV Waren | | | | 3) 1.400 | | 1.400 |
| BV RHB | | | 2) 1.000 | | | 1.000 |
| Löhne | 2.000 | | | | 2.000 | |
| Gehälter | 1.000 | | | | 1.000 | |
| Miete | 200 | | | | 200 | |
| Heizung | 2.000 | | | | 2.000 | |
| Fahrzeugkosten | 2.000 | | | | 2.000 | |
| Abschreibungen | | | 1) 6.000 | | 6.000 | |
| Gesamt: | 226.800 | 226.800 | 19.100 | 19.100 | 217.500 | 217.500 |

**Hinweis**: Aus Platzgründen ist die Summenbilanz nicht mit dargestellt worden.

■ Nachschlagewerk

## Schlussbilanz und Erfolgsbilanz (GuV-Rechnung)

In der Schlussbilanz werden die endgültigen Salden der Bestandskonten erfasst. Bei der Addition von Aktiva und Passiva besteht keine Summengleichheit, weil das Eigenkapitalkonto noch nicht den Gewinn oder Verlust des entsprechenden Wirtschaftsjahres enthält.

In der Erfolgsbilanz werden die endgültigen Salden der Erfolgskonten erfasst. Bei der Addition der Aufwendungen und Erträge ergibt sich ebenfalls keine Summengleichheit. Der Unterschiedsbetrag zwischen den Aufwendungen und Erträgen muss gleich dem Unterschiedsbetrag zwischen der Aktiva und Passiva der Schlussbilanz sein. Der Unterschiedsbetrag stellt den Gewinn oder Verlust dar.

5. Beispiel – Schlussbilanz und Erfolgsbilanz

| Kontenbezeichnung | Saldenbilanz II | | Schlussbilanz | | Erfolgsbilanz | |
|---|---|---|---|---|---|---|
| | S | H | A | P | A | E |
| Unb. Grundstücke | 70.000 | | 70.000 | | | |
| Pkw | 19.000 | | 19.000 | | | |
| Bestand Rohstoffe | 4.000 | | 4.000 | | | |
| Bestand Waren | 2.900 | | 2.900 | | | |
| Forderungen | 30.000 | | 30.000 | | | |
| Vorsteuer | | | | | | |
| Bank | 60.500 | | 60.500 | | | |
| Kasse | 7.500 | | 7.500 | | | |
| Eigenkapital | | 29.200 | | 29.200 | | |
| Privatentnahmen | | | | | | |
| Verbindlichkeiten | | 93.000 | | 93.000 | | |
| Umsatzsteuer | | 12.400 | | 12.400 | | |
| Erlöse | | 81.500 | | | | 81.500 |
| Erlösschmälerungen | | | | | | |
| Wareneingang | 9.400 | | | | 9.400 | |
| Nachlässe (Waren) | | | | | | |
| BV Waren | | 1.400 | | | | 1.400 |
| BV RHB | 1.000 | | | | 1.000 | |
| Löhne | 2.000 | | | | 2.000 | |
| Gehälter | 1.000 | | | | 1.000 | |
| Miete | 200 | | | | 200 | |
| Heizung | 2.000 | | | | 2.000 | |
| Fahrzeugkosten | 2.000 | | | | 2.000 | |
| Abschreibungen | 6.000 | | | | 6.000 | |
| Gesamt: | 217.500 | 217.500 | 193.900 | 134.600 | 14.200 | 82.900 |
| | | Gewinn: | | 59.300 | 59.300 | |
| | | | 193.900 | 193.900 | 82.900 | 82.900 |

**Hinweis**: Aus Platzgründen sind die Summenbilanz, die Saldenbilanz I und die Umbuchungen nicht mit dargestellt worden.

# Index

## 1

1-% Regelung .............................. 48

## A

abgeschriebene Forderungen, Zahlungseingang ................. 106
Abschreibung ............................. 50
Absetzungen für Abnutzung (AfA)50
Aktive Bestandskonten ................ 20
Aktive Rechnungsabgrenzung ..... 97
Aktivieren ................................... 60
Aktiv-Passiv-Mehrung ................. 19
Aktiv-Passiv-Minderung .............. 18
Aktivtausch ................................ 16
Anfangsbestände ........................ 21
Anlagenabgang .......................... 91
Anlagevermögen ........................ 54
Anschaffungskosten ................... 88
Anzahlungen .............................. 74
Anzahlungen auf Anlagegüter ..... 89
Auflösung der Rückstellung ........ 102
Aufwand .................................... 28
Aufwandskonten ........................ 29

## B

Barentnahmen ........................... 47
Beitragsvorauszahlung .... 79, 80, 81, 82, 83
Bestandsmehrung - RHB ............ 38
Bestandsmehrung - Waren ......... 35
Bestandsminderung - RHB ......... 38
Bestandsminderung - Waren ...... 35
Bestands-Minderungen ............... 22
Bestandsveränderungen ............. 35
Bestandsveränderungen der RHB 38
Bestandsveränderungen Fertige Erzeugnisse ........................ 40
Bestandsveränderungen Unfertige Erzeugnisse ........................ 40
Betriebsstoffe ............................. 37
Betriebsübersicht ...................... 108
Bezugskosten ............................ 60
Bilanz ........................................ 14
Bilanzbuch ................................. 58
Bilanzveränderungen .................. 16
Boni .......................................... 71
Buchgewinn ............................... 91
Buchmäßige Bestandsaufnahme . 10
Buchungssatz ............................ 24
Buchverlust ............................... 91

## D

Darlehen ................................... 86
Dauerfristverlängerung ............... 44

Degressive Abschreibung ............ 51
direkte Abgrenzung .............. 98, 99
Disagio ...................................... 86

## E

E-Bilanz Taxonomie ..................... 60
eigene Erzeugnisse ..................... 41
Einkauf RHB ............................... 37
Einwandfreie Forderungen ........ 106
endgültige Saldenbilanz ............ 113
Entgeltliche Warenlieferungen an Mitarbeiter .......................... 82
Erfolgsbilanz ............................. 114
Erfolgsermittlung durch Eigenkapitalvergleich ............ 12
Erfolgskonten ............................ 28
Erhaltene Anzahlungen ............... 74
Erhaltene Boni ........................... 71
ERLÖSE ..................................... 34
Erlöskonten ............................... 29
Eröffnungsbilanzkonto ................ 21
Ertrag ....................................... 28
Erzeugnisentnahme ................... 47
EU-Erwerb ................................. 72
EU-Erwerb, RHB ........................ 72
EU-Erwerb, Waren ..................... 72
EU-Lieferung ............................. 73
EWB ........................................ 105

## F

Fahrtenbuchmethode ................. 48
Firmenwagen ............................. 48
Fremdbauteile ............................ 37

## G

Gebäuden .................................. 88
Gehälter .................................... 78
Gehaltpfändungen ..................... 83
Geldtransit ................................ 27
Geleistete Anzahlungen .............. 75
Geringwertige Wirtschaftsgüter .. 54
Gewährte Boni ........................... 71
Gewährte Skonti ........................ 70
Gewinn- und Verlustkonto .......... 30
Grundbuch .......................... 25, 58
Grundstücken ............................ 88
GuV .......................................... 30
GWG ........................................ 54
GWG bis 250,00 € ..................... 55
GWG von 250,01 € bis 800,00 € ... 55

## H

Habenbuchung .......................... 26
Haben-Seite ............................... 22
Hauptabschlussübersicht .......... 108

Hauptbuch .......................... 25, 58
Hilfsstoffe .................................. 37

## I

In Zahlung nehmen .................... 93
indirekte Abgrenzung ............ 98, 99
Innergemeinschaftliche Lieferung73
Innergemeinschaftlicher Erwerb . 72
Inventar .................................... 11
Inventur .................................... 10
Inzahlunggabe ........................... 93

## J

Journal ...................................... 58

## K

Kapital ...................................... 14
Kapitalentwicklung berechnen .... 13
Kassenfehlbetrag ....................... 85
Kontenplan ................................ 32
Kontenrahmen ........................... 32
Kontoblätter .............................. 58
Kontoführungsgebühren ............. 85
Kontonummer ........................... 33
Körperliche Bestandsaufnahme .. 10
Kosten der Warenabgabe ........... 63

## L

Leistungsabschreibung ............... 53
Leistungsentnahme .................... 47
Lineare Abschreibung ................. 51
Löhne ....................................... 78
Lohnpfändungen ........................ 83

## M

Mankogeld ................................ 85
Mittelherkunft ............................ 14
Mittelverwendung ...................... 14

## N

Nachlässe, RHB ......................... 66
Nachlässe, Waren ...................... 65
Nebenbücher ............................. 58
Nutzungsentnahme .................... 47

## P

Passive Bestandskonten ............. 20
Passive Rechnungsabgrenzung ... 97, 99
Passivierung der Zahllast ............ 45
Passivtausch ............................. 17
Pauschalwertberichtigung ........ 106

© Lübecks Schulungen GbR

permanenten Inventur ............... 11
Personalwirtschaft ...................... 78
Private Nutzung eines Firmenwagen
  ........................................... 48
Privateinlagen ........................ 46
Privatentnahmen ....................... 47

### R

Rechnungsabgrenzung ............... 96
Rohstoffe ................................. 37
Rücksendungen RHB .................. 66
Rücksendungen, Waren ............. 65
Rückstellung < Kosten .............. 102
Rückstellung bilden ................. 101
Rückstellungen ........................ 101

### S

Sachanlagen ............................. 88
Sachkonten .............................. 25
sachliche Ordnung .................... 25
Saldenbilanz I ......................... 110
Saldenbilanz II ........................ 113
Sammelposten für GWG von 250,01
  € bis 1.000,00 € ..................... 56
Scheckforderungen ................... 84
Scheckverbindlichkeiten ............. 84
Schlussbestand ........................ 22
Schlussbilanz .......................... 114

Skonti ..................................... 69
SKR 03 .................................... 33
SKR 04 .................................... 32
Sofortabschreibung bei GWG von
  250,01 € bis 800,00 € ............... 55
Sofortaufwand bei GWG bis 250,00
  € .......................................... 55
Sofortrabatt ............................. 68
Sollbuchung ............................ 26
Soll-Seite ................................. 22
sonstige Forderungen .............. 102
Sonstige Verbindlichkeiten ....... 100
Sonstige Vermögensgegenstände
  ......................................... 102
Steuerliche Nebenleistungen ...... 95
Steuern ................................... 94
Summenbilanz ....................... 109

### U

Umbuchungsbilanz .................. 111
Umsatzsteuer .......................... 43
Umsatzsteuervoranmeldung ....... 44
uneinbringlicher Forderung ..... 105
Unentgeltliche Wertabgaben ...... 47
Unterkonten ............................ 29

### V

Verkauf eigene Erzeugnisse ....... 41

Verkauf eigener Erzeugnisse ....... 41
Verkauf von Anlagegütern .......... 91
Vermögen ............................... 14
Vermögenswirksame Leistungen . 80
Verrechnung von Umsatzsteuer und
  Vorsteuer .............................. 44
Vertriebskosten ....................... 63
Vertriebskosten, abgewälzte ....... 64
Vorschuss ............................... 81
Vorsteuer ............................... 43
Vorsteuerüberhang .................. 44

### W

Wareneingang ......................... 34
Wareneinkauf .......................... 34
Warenentnahmen .................... 47
Warenverkauf .......................... 34
Werkstoffeinkauf ..................... 37
Werkstoffkonten ..................... 37
Wertminderung ....................... 50

### Z

Zahllast .................................. 44
Zeitanteilige Abschreibung ........ 54
zeitlich verlegten Inventur ......... 10
zeitliche Ordnung .................... 25
zeitnahen Stichtagsinventur ...... 10
Zweifelhafte Forderungen ....... 104